중용, 주역으로 풀다

중용, 주역으로 풀다

인쇄 2018년 5월 23일 초판 1쇄 인쇄
발행 2018년 5월 30일 초판 1쇄 발행
역해 임병학
편집 최구원, 김혜원
교정 천지은, 이혜경, 최미진
디자인 이정현

펴낸곳 도서출판 동남풍
펴낸이 주영삼
출판신고 제1991-000001호(1991년 5월 18일)
주소 전북 익산시 익산대로 501
전화 063-854-0784
팩스 063-852-0784
홈페이지 www.wonbook.co.kr

ISBN 978-89-6288-040-3(03140)
값 15,000원

중용,
주역으로 풀다

임병학 역해

| 목차 |

책을 내면서   7

제1장 ① / 하늘은 음양陰陽작용이다   10
제1장 ② / 진리는 사람과 떨어지지 않는다   18
제1장 ③ / 희로애락喜怒哀樂으로 살아가다   21
제2장 / 중용中庸은 군자의 길이다   30
제3장 / 중용中庸은 지극하다   36
제4장・제5장 / 진리가 행해지지 않다   39
제6장 / 선善을 드날리다   45
제7장 / 그물과 덫으로 들어가다   48
제8장 / 선善을 가슴에 품다   51
제9장 / 중용中庸은 불가능이다   56
제10장 / 부드러움이 강함을 안다   59
제11장 / 괴이한 것을 구하지 않는다   63
제12장 / 부부夫婦의 사랑이 출발이다   68
제13장 / 자기를 다스리면 그친다   74
제14장 / 자기 본성本性으로 돌아가다   81
제15장 / 가정이 천국天國이다   90
제16장 / 귀신鬼神의 덕에 감응하다   95
제17장 / 위대한 덕德은 천명天命을 받는다   103
제18장 / 종묘가 흠향하고 자손이 보호하다   110

제19장 / 무왕·주공은 효孝에 통달하다	114
제20장 ① / 정치政治는 사람에게 있다	123
제20장 ② / 도道와 덕德에 통달하다	129
제20장 ③ / 세상을 다스리다	136
제20장 ④ / 정성은 하늘의 길이다	145
제20장 ⑤ / 나는 천千 번을 한다	150
제21장 / 정성을 밝히다	156
제22장 / 정성을 지극히 하다	159
제23장 / 지극한 정성이 세상을 바꾸다	162
제24장 / 지극한 정성은 신神과 같다	167
제25장 / 정성은 마치면 곧 시작이다	173
제26장 / 지극한 정성은 사라지지 않는다	178
제27장 / 성인聖人의 진리를 배우다	183
제28장 / 성인의 법法을 따르다	188
제29장 / 허물을 조게 하라	191
제30장 / 천지天地의 일을 하다	196
제31장 / 하늘이 강림하시다	201
제32장 / 하늘의 덕德을 따르다	206
제33장 / 『시경詩經』을 노래하다	209

저자 소개 214

| 책을 내면서 |

『중용』은 '소小『주역』'이라 불리면서 유학의 형이상학적 이치를 밝히고 있다. 원래『중용』은『예기禮記』의 제31편에 있던 것을 북송의 정호程顥, 伊川가『대학』과 함께 사서四書로 편입하면서 선진유학 경전으로 자리하게 되었다.

『중용』은『주역』과 함께 성리학의 철학적 바탕이 되는 경전으로 늘 함께 언급되고 있다. 주희朱熹, 晦庵는「중용장구서」에서 성리학의 16자 심법心法으로 불리는『서경書經』의 '인심유위 도심유미 유정유일 윤집궐중人心惟危 道心惟微 惟精惟一 允執厥中'을 인용하여, 신령스럽게 비어 알아서 깨달을 수 있는 마음을 밝힌 책이『중용』이라 하였다.

『중용』은 인간 본성과 마음작용, 그리고 마음의 근거인 천天을 밝힌 선진유학의 마음학이다.『중용』의 천명天命, 성性, 희로애락喜怒哀樂, 성誠, 지인知人, 지천知天, 천도天道, 인도人道 등은 모두 마음에 관한 것으로『주역』의 학문적 체계에 근거한 것이다.

『중용』을『주역』의 철학적 원리로 풀이한 이 책은 다음과 같은 특징이 있다.

첫째, 『중용』에서 논의되고 있는 유학의 형이상학적 개념들을 『주역』의 입장에서 분명하게 설명하였다. 즉, 제1장의 '천명天命'이나 제16장의 '귀신鬼神', 제20장의 '성誠' 등의 역학적易學的 의미를 논하고 있다.

둘째, 『중용』 각 장에서 밝힌 핵심 개념을 『주역』의 64괘에 대응시켜서 설명하였다. 예를 들면, 제12장의 부부夫婦는 택산함괘澤山咸卦의 부부지도夫婦之道로, 제25장의 종시終始는 산풍고괘山風蠱卦의 종즉유시終即有始로 풀이하였다.

셋째, 『중용』의 마음학을 사상철학四象哲學으로 해석하였다. 이제마李齊馬의 사상철학은 『주역』의 사상四象 원리를 바탕으로 『중용』의 희로애락喜怒哀樂 등을 그대로 계승한 마음학이자 기철학이기 때문에 역학적 풀이와 서로 통하고 있다.

특히 이 책은 『중용』의 글 속에 담긴 철학적 의미를 『주역』으로 풀이한 것이지만, 사실은 글 너머에 있는 뜻을 찾고자 하는 노력이었다. 제20장의 구경九經을 『서경』의 홍범구주洪範九疇로 대응하면서 이것이 바로 하도河圖의 오행五行원리에 근거한 것임을 풀어낸 것이다.

『중용, 주역으로 풀다』는 4부분으로 구성되어 있다. 첫째는 각 장을 대표하는 괘卦 그림과 제목이고, 둘째는 『중용』 원문과 직역直譯이고, 셋째는 『주역』의 입장에서 원문을 해설한 것이고, 넷째는 그 장을 정리하는 『주역』의 내용과 핵심 한자를 풀이한 것이다. 특히 한자의 풀이는 나의 '주역으로 풀다' 시리즈 첫 번째 저술인 『하늘을 품은 한자, 주역으로 풀다』골든북스, 2016에 근거한 것이다. 한자의 부수 214자를 『주역』의 이치로 풀이한 이 책은 하늘이 나에게 준 위대한 선물로 한자의 차원을 높인 것이다.

나는 『주역』과 『정역』을 연구하신 관중觀中 류남상柳南相, 1927~2015 교수의 문하에서 역학을 배웠으며, 『주역』을 근본으로 근대 한국철학에서 위대한 업적을 남긴 일부一夫 김항1826~1898의 정역철학과 동무東武 이제마1837~1900의 사상철학, 소태산少太山 박중빈1891~1943의 일원철학을 연구하고 있다.

현재 원광대학교 동양학대학원에 재직하면서 대학원 학술 동아리인 「사상철학 마음연구회」 선생님들과 '마음학'을 연구하고 있다. 마음학 연구는 『맹자』와 사상철학을 근본으로 하여 『주역』과 일원철학, 선진유학과 사상철학, 사상철학과 일원철학 등의 융합과 소통을 통해 이루어지고 있다.

『중용』의 마음학을 담고 있는 이 책은 '주역으로 풀다' 두 번째 『동의수세보원, 주역으로 풀다』를 이은 3번째 저술로 선진유학의 마음에 대한 논의를 이해할 수 있는 핵심적 개념을 설명하고 있다.

끝으로 책이 출판될 수 있도록 노고를 아끼지 않은 원광대학교 대학원 최구원·김혜원·이혜경 선생님과 대전복수초등학교 최미진 선생님, 표지 디자인에 글씨를 사용하게 해주신 성균관대학교 석지 김응학 교수님 그리고 흔쾌히 출판을 해주신 도서출판 동남풍 주영삼 대표님의 은혜에 감사의 마음을 전한다.

2018년 초여름에 임병학 삼가쓰다.

제1장 ❶

하늘은 음양작용이다 陰陽

天命之謂性이오 **率性之謂道**오
修道之謂敎니라.

하늘이 작용하는 것을 성性이라 하고, 본성을 따르는 것을 도道라 하고, 도를 닦는 것을 교敎라고 한다.

역해

『중용』의 첫 문장은 일반인들도 한번은 들어보았을 정도로 유명하지만, 그 해석에 있어서는 많은 아쉬움이 남는다. 성인의 말씀을 담은 경전은 첫 문장에 그 책의 뜻이 함축되어 있기 때문에 이해하고 해석하기가 매우 어렵다.

먼저 '하늘이 작용하는 것을 성性이라 하고[天命之謂性]'에서 천명天命이 첫 번째로 걸리게 된다. 주희가 '명은 명령하다.命. 猶令也'는 뜻으로 해석한 이래로 그 인식의 범주를 벗어나지 못하고 있다.

한자역해법漢字易解法으로 천명지위성天命之謂性을 분석하면, 천天은 일一과 대大로 하나의 위대한 것이고, 명命은 합合과 절卩=節로, 합해졌던 것이 나누어지고 나누어졌던 것이 합해지는 작용을 담고 있고, 위謂는 언言과 밥통 위胃로, 실존하는 사람을 말하는 것이고, 성性은 심忄과 생生으로, 마음을 낳는 근원적 존재라는 뜻이다.

'천명지위성'에서는 천명天命을 어떻게 해석하느냐가 문제이고, '천명天命'에서도 명命의 해석이 핵심이다. 명命이 합해지고 나누어지는 이치라 할 때 합해지는 것은 짝이 되어 음陰이고, 나누어지는 것은 홀이 되어 양陽이기 때문에 음양陰陽작용으로 이해된다. 즉, 천명은 하늘의 음양작용으로 풀이할 수 있다.

『주역』「계사상」제5장에서는 "한번 음으로 작용하고, 한번 양으로 작용하는 것을 도道라고 하고, 계승한 것을 선善이라 하고, 이룬 것을 성性이라 한다.一陰一陽之謂ㅣ道니 繼之者ㅣ善也오 成之者ㅣ性也라."고 하여, 천명지위성의 의미를 밝히고 있다. 천도天道는 음양작용이고, 이 음양작용이 인간 본성인 선성善性으로 내재화되었다는 것이다.

또 천명天命을 하나의 개념으로 이해해보면, 「천뢰무망괘天雷无妄卦」에서는 "천명이 돕지 않는 것을 행하겠는가?天命不祐를 行矣哉아"라 하고, 「택지췌괘澤地萃卦」에서는 "큰 희생을 사용함이 길하고 갈 바가 있음이 이롭다는 것은 천명에 순응하는 것이니 그 모이는 바를 보고 천지와 만물의 뜻을 가히 볼 수 있다.'用大牲吉利有攸往은 順天命也니 觀其所聚而天地萬物之情을 可見矣리라"라 하여, 인격적 하늘의 뜻으로 사용하고 있다. 또 「천뢰무망괘」에서는 "정도로써 크게 형통한 것이 하늘의 명이다.大亨以正하니 天之命이니라."라고 하여, 천명은 정도正道로 크게 형통하는 것이라 하였다.

또한 천명지위성天命之謂性에 들어가 있는 '명命'과 '성性'을 인간 본성의 구조로 생각할 수 있다.

「중천건괘」에서는 "건도乾道가 변화함에 각각 성명性命을 바르게 하니 합을 보호하고 크게 화합하여 이에 정도가 이로운 것이다.乾道變化에 各正性命하나니 保合大和하야 乃利貞이니라."라고 하여, 천도인 건도가 변화하여 인간 본성이 바르게 된다고 하였고, 「설괘」에서는 "옛날에 성인이 『주역』을 지으신 것은 장차 성명의 이치에 순응하기 위한 것이니昔者聖人之作易也는 將以順性命之理니"라 하고, "이치를 궁구하고 성을 다하여 명에 이르게 된다.窮理盡性하야 以至於命하나니라."고 하여, 성과 명을 체용體用의 관계로 논하고 있다.

「계사상」 제5장에서는 음양의 도道가 인간 본성인 선성善性으로 내재화 되었음을 논하고, 이어서 "어진 자가 보면 인仁이라 하고 지혜로운 자가 보면 지智라고 한다.仁者ㅣ 見之에 謂之仁하며 知者ㅣ 見之에 謂之知오"라고 하여, 그 선성의 내용이 인仁과 지智임을 밝히고 있다. 또 『중용』 제25장에서도 "정성誠이라는 것은 자기를 이룰 뿐만 아니라 사물을 완성시키니, 자신을 완성시키는 것은 인仁이고 사물을 완성시키는 것은 지智이니, 성의 덕으로 내외를 합하는 도이다.誠者는 非自成己而已也라 所以成物也니 成己는 仁也오 成物은 智也니 性之德也라 合內外之道也니"라고 하여, 인과 지가 성성임을 논하고 있다.

『서경』에서는 "의義로써 사물을 다스리고, 예禮로써 마음을 다스린다.以義制事하시고 以禮制心하사"라 하고, 「중지곤괘」에서는 "경敬

으로 안을 바르게 하고 의義로써 밖을 바르게 하면 경과 의가 바르게 서고 덕이 외롭지 않다.君子ㅣ 敬以直內하고 義以方外하야 敬義立而德不孤니라."라고 하여, 예禮는 내면의 마음을 다스리는 것이고, 의義는 밖의 사물을 다스리는 것이라 하였다. 또 『논어』에서는 "자신을 이겨서 예禮로 돌아가는 것이 인仁이다.子曰 克己復禮爲仁이니"라고 하여, 인과 예를 체용의 관계로 논하고 있다.

따라서 인간 본성이 성명적 구조를 가지고, 그것이 인예의지仁禮義知 사덕으로 드러나기 때문에 인仁과 지智는 인간 본성으로 주어진 성性이고, 그것을 자각하여 실천하는 예禮와 의義는 명命이 되는 것이다. 즉, 성과 명은 체용의 관계로 인과 지가 본체이고 예와 의가 작용이며, 또 인과 예는 마음을 다스리는 것에서 체용의 관계이고, 지와 의는 사물을 다스리는 것에서 체용의 관계이다.

「중천건괘」에서는 이러한 관계를 요약하여 "문언에서 말하기를 원元은 선의 어른이고, 형亨은 아름다움의 모임이고, 리利는 의의 화합이고, 정貞은 일의 줄거리이다. 군자는 인仁을 체득하여 족히 다른 사람의 어른이 되며, 모임을 아름답게 하여 족히 예禮에 부합하며, 만물을 이롭게 하여 족히 의義에 화합하며, 곧고 바름이 족히 일을 주관한다. 군자는 이 사덕을 행하는 사람이다. 그러므로 건乾은 원형이정이라 한다.文言曰 元者는 善之長也오 亨者는 嘉之會也오 利者는 義之和也오 貞者는 事之幹也니 君子ㅣ 體仁이 足以長人이며 嘉會ㅣ 足以合禮며 利物이 足以和義며 貞固 足以幹事니 君子ㅣ 行此四德者라 故로 曰乾元亨利貞이니라."라고 하여, 천도 사상四象인 원형이정元亨利貞이 인간 본성에 내재되어 인예의지仁禮義知 사덕四德이 되고, 이 사덕을 실천하는 존재가 군자임을 밝히고 있다.

다음으로 '솔성지위도率性之謂道'에 대해 설명해 보면, 솔率은 현玄과 주ヽ 4개 그리고 십十으로, 하늘의 뜻인 사상四象작용을 따른다는 것이고, 도道는 착辶과 수首 = 八 + 一 + 自로, 스스로 여덟로 작용하는 근원적 존재인 머리가 가고 멈추는 것이다.

여기서는 도道를 위주로 이야기하고자 한다. 동양철학에서 도道는 빠질 수 없는 개념으로 절대적 의미이다. 우리는 도를 말할 때 천도天道·지도地道·인도人道의 삼재지도三才之道를 많이 언급하지만, 선진 유학 경전에서 천지인天地人 삼재지도는 『주역』에서 2번 밝히고 있다.

먼저 「계사하」에서는 "『주역』이라는 책이 넓고 커서 모든 것을 갖추어 천도가 있고, 인도가 있고, 지도가 있으니 삼재가 모두 둘로 작용하는 것이다. 그러므로 육효이니 육효는 다른 것이 아니라 삼재의 도이다.易之爲書也 廣大悉備하야 有天道焉하며 有人道焉하며 有地道焉하니 兼三才而兩之라 故로 六이니 六者는 非他也라 三才之道也니"라 하고, 또 「설괘」에서는 "옛날에 성인이 『주역』을 지으신 것은 장차 성명의 이치에 순응한 것이니 이로써 천도를 세워서 음양이라 하고, 지도를 세워서 유강이라 하고, 인도를 세워서 인의라고 하니 삼재가 모두 둘로 작용하는 것이다.昔者聖人之作易也는 將以順性命之理니 是以立天之道曰陰與陽이오 立地之道曰柔與剛이오 立人之道曰仁與義니 兼三才而兩之라"라고 하였다.

여기서 인간 본성을 따르는 것을 도道라고 할 때, 도는 천도天道가 내재화된 인간 본성이므로 인도人道임을 알 수 있다.

마지막으로 '수도지위교修道之謂敎'에 대해 설명하면, 수修는 바 유攸와 터럭 삼彡으로, 군자가 삼재지도三才之道를 닦는 것이고, 교敎는 효爻와 자子 그리고 복攵으로, 회초리로 쳐서 진리를 가르치는 의미를 담고 있다.

먼저 수修는 수신修身의 개념으로 사용하고 있다. 「지뢰복괘地雷復卦」에서 "상에서 말하기를 멀지 않아서 돌아오는 것은 몸을 닦기 때문이다.象曰不遠之復은 以修身也라."라 하고,「수산건괘水山蹇卦」에서는 "군자가 (건괘의 원리를) 사용하여 자신으로 돌아가 덕을 닦는 것이다.君子ㅣ以하야 反身修德하나니라"라 하였다.

또 「중천건괘重天乾卦」에서는 "군자가 덕에 나아가고 업을 닦는 것이니 충과 신이 덕에 나아가는 까닭이고, 말씀을 닦고 그 정성을 세우는 것이 업에 거처하는 것이다.君子ㅣ進德修業하나니 忠信이 所以進德也오 修辭立其誠이 所以居業也라"라고 하여, 수업修業과 수사修辭를 밝히고,「계사하」에서는 "손은 덕의 닦음이고損은 德之修也오"라고 하여, 내 마음의 욕심을 덜어내는 것이 덕을 닦는 것이라 하였다.「중뢰진괘重雷震卦」에서는 "군자가 (진괘의 원리를) 사용하여 두려워하고 닦고 반성하는 것이다.君子ㅣ以하야 恐懼修省하나니라."라고 하였다. 따라서 도를 닦는다는 것은 덕에 나아가서 내 마음의 욕심을 덜어내는 것이라 하겠다.

한자에서 수修와 수脩는 같은 의미를 담고 있지만, 왼쪽 아래의 한자가 삼彡과 월月로 다르게 구분되고 있다. 삼彡은 삼재를 상징하고, 월月은 덜 경冂과 이二로 음양을 상징하기 때문에 수修가 천지인 삼재지도를 닦는 것이라면, 수脩는 음양의 이치를 깨우치는 것으로 이해할 수 있다.

특히 「계사하」에서는 군자가 닦아야 할 것에 대하여 다음과 같이 밝히고 있다. "공자께서 말씀하시기를 군자가 그 몸을 편안하게 한 이후에 움직이며, 그 마음을 다스린 이후에 말하며, 그 사귐을 정한 이후에 구하는 것이니, 군자가 이 세 가지를 닦는 까닭으로 온전한 것이다. 위태로운데 움직이면 백성들이 함께하지 않고, 두려운데 말하면 백성들이 응하지 않고, 사귐이 없는데 구하면 백성들이 함께하지 않을 것이다.子曰君子ㅣ 安其身而後에야 動하며 易其心而後에야 語하며 定其交而後에야 求하나니 君子ㅣ 脩此三者故로 全也하나니 危以動하면 則民不與也코 懼以語하면 則民不應也코 无交而求하면 則民不與也하나니"라고 하여, 몸을 편안하게 하고 마음을 다스리고 사귐을 안정하게 닦는 존재가 군자임을 논하고 있다.

또한 교教를 「지택임괘地澤臨卦」에서는 "군자가 이로써 가르치는 생각이 궁함이 없고, 백성을 포용하고 보호함이 한계가 없는 것이다.君子ㅣ 以하야 教思ㅣ无窮하며 容保民이 无疆하나니라."라 하고, 「풍지관괘風地觀卦」에서는 "성인이 신도로써 가르침을 베풀어 천하가 감복하는 것이다.聖人이 以神道設教而天下ㅣ 服矣니라.", "선왕이 이로써 사방을 살피고 백성들을 보아서 가르침을 베푸는 것이다.先王이 以하야 省方觀民하야 設教하나니라."라고 하여, 성인의 가르침을 베푸는 것이 가르침이라 하였다.

또 「중수감괘重水坎卦」에서는 "군자가 이로써 항상 덕을 행하고 가르치는 일을 익히는 것이다.君子ㅣ 以하야 常德行하며 習教事하나니라."라 하고, 「계사하」에서는 "쟁기와 호미의 이로움으로 천하를 가르치니 대개 익괘에서 취하고耒耨之利로 以教天下하니 蓋取諸益하고"라고 하여, 성인의 말씀에 따라 군자가 가르친다고 하였다. 따라서 교教는 성인과 군자의 일이며, 성인의 말씀을 바탕으로 해야 한다.

▷ 제1장의 천명天命은 「계사상」 제5장의 음양陰陽원리로 풀다.
▷ 제1장의 성性과 명命은 「중천건괘」 단사彖辭의 각정성명各正性命으로 풀다.

> 『중용』의 한자 읽기
>
> 命 목숨 명 = 合 + 卩節=分 : 합해지고 나누어지다.
> 率 거느릴 솔 = 玄 + ㇏4개 + 十 : 하늘의 사상을 따르다.
> 敎 가르칠 교 = 爻 + 子 + 攵 : 자식에게 진리를 가르치다.
> 道 길 도 = 辶 + 首 : 근원적 존재가 가고 멈추다.

제1장 ❷ 진리는 사람과 떨어지지 않는다

道也者는 不可須臾離也니 可離면
非道也라
是故로 君子는 戒愼乎其所不睹하며
恐懼乎其所不聞이니라.
莫見乎隱이며 莫顯乎微니 故로
君子는 愼其獨也니라.

도라는 것은 잠시도 떨어질 수 없는 것이니 떨어지면
도가 아니다.
이러한 까닭으로 군자는 그 보이지 않는 곳에서 경계하
고 삼가며 들리지 않는 곳에서 두려워하고 두려워하는
것이다.
숨은 것보다 드러나는 것이 없으며, 작은 것보다 나타
나는 것이 없으니 그러므로 군자는 그 홀로 있을 때 삼
가는 것이다.

역해

   진리는 잠시도 자신을 떠나서 존재하
지 않고, 떠나면 그것은 진리가 아님을
밝히고 있다. 따라서 우리는 사람들에

게 보이지 않고 들리지 않는 곳에서도 경계하고 삼가며, 두려워하는 '신기독愼其獨'해야 한다.

신기독愼其獨은 수신修身의 근본이 되는 것으로 『대학』에서는 "소인이 한가함에 불선不善을 하는데 이르지 않는 바가 없다가 군자를 본 이후에 엄하게 그 불선을 덮고 선善을 드러내는데, 사람들이 자기를 봄에 폐와 간을 보는 것과 같으니 그러한 즉 무엇을 더하겠는가? 이것이 그 중에서 정성스러우면 밖으로 형상되는 것이라 하니, 그러므로 군자는 반드시 그 홀로 있을 때 삼가는 것이다. 증자曾子가 말하기를 열 눈이 보는 것이고, 열 손이 가리키는 것이니 그 엄한 것이 구나!小人이 閒居에 爲不善호대 無所不至하다가 見君子而后에 厭然揜其不善하고 而著其善하나니 人之視己ㅣ 如見其肺肝이니 然則何益矣리오 此謂誠於中이면 形於外니 故로 君子ㅣ必愼其獨也니라 曾子ㅣ 曰十目所視며 十手所指니 其嚴乎인져"라고 하여, 사람과 하늘이 알고 가릴 수 없기 때문에 신기독愼其獨해야 함을 알 수 있다.

삼갈 신愼은 심忄과 참 진眞으로, 마음을 참되게 하는 것이고, 「산뢰이괘山雷頤卦」 대상사에서는 "상에서 말하기를 산 아래에 우레가 있음이 이괘이니 군자가 이로써 말씀을 삼가고 음식을 절도있게 한다. 象曰山下有雷ㅣ 頤니 君子ㅣ 以하야 愼言語하며 節飮食하나니라."라 하고, 「계사상」에서는 "공자께서 말씀하시를 진실로 땅에 두어도 가하거늘 깔개로 띠풀을 쓰니 무슨 허물이 있겠는가? 삼감의 지극함이라 무릇 띠풀의 물건은 흔하지만 쓰임은 중요하니 이 술을 삼가하여 실천함에 잃을 것이 없는 것이다.初六藉用白茅니 无咎라하니 子曰苟錯諸地라도 而可矣어늘 藉之用茅하니 何咎之有리오 愼之至也라 夫茅之爲物이 薄而用

은 可重也니 愼斯術也하야 以往이면 其无所失矣리라."라고 하여, 군자가 말을 하고, 행동을 함에 삼가 허물이 없음을 논하고 있다.

서양철학에서 인간人間은 현존재現存在, Dasein라 하여, 존재存在, Sein를 나타내는 유일한 존재자存在者, Seindes로 규정하여, 인간의 실존적 의미를 설명하고 있다. 즉, 도道, 진리는 잠시도 인간과 떨어질 수 없는 것으로 진리는 인간을 통해서 드러나고, 인간에 의해서 완성된다는 의미를 담고 있다.

한자를 풀어보면, 기다릴 수須는 터럭 삼彡과 머리 혈頁로, 「수천수괘水天需卦」의 수需와 같은 뜻으로 천지인 삼재지도가 행해지기를 기다리는 것이고, 유臾는 절구 구臼와 사람 인人으로, 사람을 잡는 것이다. 경계 계戒는 밑스물 입廾과 창 과戈로, 창을 들고 이십의 이치를 지키는 것이고, 두려워할 구懼는 심忄과 목目 2개 그리고 추隹로, 하늘이 두 눈으로 마음을 보는 것이고, 볼 도睹는 목目과 사람 자者로, 사람이 두 눈으로 보는 것이고, 들을 문聞은 문門과 이耳로, 마음의 문을 통해 하늘의 소리를 듣는 것이다.

▶ 제1장의 신기독愼其獨은 「산뢰이괘」 대상사大象辭의 신언어愼言語로 풀다.

『중용』의 한자 읽기

須 기다릴 수 = 彡 + 頁 : 삼재지도가 행해지기를 기다리다.
戒 경계 계 = 廾 + 戈 : 창을 들고 진리를 지키다.
睹 볼 도 = 目 + 者 : 사람이 두 눈으로 보다.
獨 홀로 독 = 犭 + 罒 + 勹 + 虫 : 홀로 하늘의 뜻을 헤아리다.

제1장 ❸
喜怒哀樂 희로애락으로 살아가다

喜怒哀樂之未發을 謂之中이오 發而皆中節을 謂之和니 中也者는 天下之大本也오 和也者는 天下之達道也니라.
致中和면 天地ㅣ 位焉하며 萬物이 育焉이니라.

희로애락이 아직 발하지 않음을 중이라 하고, 발하여 모두 절도에 맞는 것을 화라 하니, 중이라는 것은 천하의 위대한 근본이고, 화라는 것은 천하의 통달한 도이다. 중과 화를 지극히 하면 천지가 자리하며 만물이 길러지는 것이다.

역해

앞에서 도道는 인도人道를 의미함으로 사람고는 떨어질 수 없기 때문에 조심하고 조심해야 한다고 하였는데, 여기서는 구체적인 사람의 감정이라 할 수 있는 기쁨·성냄·슬픔·즐거움을 통해

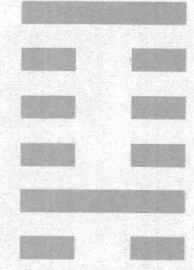

삶의 이치를 논하고 있다.

중中은 희로애락喜怒哀樂이 아직 작용하지 않는 본체이고, 화和는 희로애락이 이미 작용하여 절도에 맞아 사용되는 도이다. 이 장에서는 중中과 화和의 뜻을 올바로 이해하는 것이 중요하다.

『주역』에서는 중中을 중정中正이나 정중正中으로 많이 사용하고 있기 때문에 역도易道를 '중정지도中正之道'라고 하여, 중도中道와 정도正道로 논하고 있다. 중도中道는 천도天道로 도의 본체가 되고, 정도正道는 인도人道로 도의 작용이 된다. 따라서 『중용』의 중화中和는 중정中正과 대응되어 화和는 정正의 의미를 가지고 있다.

중中에 대하여 「중천건괘重天乾卦」에서는 "공자께서 말씀하시기를 용의 덕은 정중한 것이니 떳떳한 말씀은 믿으며 떳떳한 행동은 삼가여, 삿됨을 막고 그 정성을 보존하며 세상을 선하게 하지만 자랑하지 않고, 덕을 넓게 하여 감화시키니子ㅣ曰龍德而正中者也니 庸言之信하며 庸行之謹하야 閑邪存其誠하며 善世而不伐하며 德博而化니"라고 하여, 덕이 정중正中하다고 하고, "위대하구나! 건괘乾卦여 강건·중정·순수가 정미한 것이고大哉라 乾乎여 剛健中正純粹ㅣ精也오"라고 하여, 건괘가 중정中正하다고 하였다.

또 「중지곤괘重地坤卦」에서는 "군자가 중을 누렇게 하고 이치에 통하여 자리를 바르게 하고 본체에 거처하여 아름다움이 그 가운데 있고, 사지에서 펼쳐지면 사업에서 발하니 아름다움의 지극한 것이다.君子ㅣ黃中通理하야 正位居體하야 美在其中而暢於四支하며 發於事業하나니 美之至也니라."라고 하여, 중中이 인간 본성임을 알 수 있다. 『주역』에서 중中은 인간 본성으로 덕德을 위주로 하는 것이라 하겠다.

다음으로 화和에 대해서는 「중천건괘」에서 "건도가 변화함에 각각 성명을 바르게 하니, 합함을 보호하고 조화를 크게 하여 이에 바름이 이로운 것이다.乾道變化에 各正性命하나니 保合大和하야 乃利貞이니라."라고 하고, 문언에서는 "이利가 의에 화합하고, … 물을 이롭게 하는 것이 족히 의에 화합하며利者는 義之和也오 … 利物이 足以和義며"라고 하여, 성명性命의 이치에서 명命에 해당되는 의義와 화합하는 것임을 알 수 있다. 그래서 「설괘」에서는 "드덕에 화합하고 순응하며 의에서 다스리며 이치를 궁구하고 본성을 다하여 명에 이르는 것이다.和順於道德而理於義하며 窮理盡性하야 以至於命하니라."라고 하였다.

또 「택산함괘」에서는 "성인이 인심에 감응하고 천하가 화평하게 된다.聖人이 感人心而天下ㅣ 和平하나니"라 하고, 「택천쾌괘」에서는 "결단하고 화하는 것이다.決而和하니라"라 하고, 「중택태괘」에서는 "화합하는 태이니 길한 것이다. 행함에 아직 의심이 없는 것이다.和兌니 吉하니라. 象曰和兌之吉은 行未疑也일새라."라 하고, 「계사하」에서는 "이괘履卦는 화합하고 이르며, 이履로써 화합을 행하는 것이다.履는 和而至하고 履以和行코"라고 하여, 하늘과 인간이 화합하는 것으로 밝히고 있다.

다음으로 '천지가 자리하는 것'에 대하여 「설괘」에서는 '천지가 위를 정하는 것天地ㅣ 定位하며'이라 하였고, 「계사상」에서는 "천지가 자리를 베풀면 역도易道가 그 가운데에서 행해지니天地ㅣ 設位어든 而易이 行乎其中矣니"라 하고, 「계사하」에서는 "천지가 자리를 베풂에 성인이 능함을 이루니天地設位에 聖人이 成能하니"라고 하여, 천지가 자리함으로써 진리가 행해지고 성인의 능력이 이루어진다고 하였다.

「계사하」에서 "성인의 위대한 보물은 자리이니 무엇으로 자리를 지키는가? 인仁이고 의義이다.聖人之大寶曰位니 何以守位오 曰仁이오 曰義이니"라고 하여, 인간의 본성인 인仁과 의義가 성인의 위位임을 알 수 있다.

또 「수천수괘」에서는 "하늘의 위에 자리하여 정중正中한 것이고 位乎天位하야 以正中也오"라 하여, 천위天位를 말하였고, 「계사상」에서는 "겸손이라는 것은 지극히 공손하여 그 자리를 보존하는 것이다.謙也者는 致恭하야 以存其位者也라."라고 하여, 겸손함이 그 덕위德位를 보존한다고 하였다.

마지막으로 '만물을 기르는 것'은 「천뢰무망괘天雷无妄卦」에서 "선왕이 시時를 대함에 왕성하게 하여 만물을 기르는 것이다.先王이 以하야 茂對時하야 育萬物하나니라."고 하였고, 「산수몽괘山水蒙卦」에서는 "군자가 몽괘의 원리를 통해 행동을 과감하게 하고 덕을 기른다.君子ㅣ 以하야 果行育德하나니라."라 하고, 「산풍고괘山風蠱卦」에서는 "군자가 백성을 떨치고 덕을 기른다.君子ㅣ 以하야 振民育德하나니라."고 하였다. 따라서 육育은 덕을 기르고 세상의 모든 존재하는 것들을 기르는 것임을 알 수 있다.

한자를 정리해보면, 기쁠 희喜는 길吉과 팔丷 그리고 일一과 구口로, 선비의 입은 길吉한 것으로 팔괘八卦, 온 우주를 하나로 묶는 말이 기쁨이고, 성낼 노怒는 여女와 우又, 심心으로, 여자를 잡는 마음이니 성냄은 군자가 다른 사람의 잘못을 바로잡을 때 행하는 것이다. 슬플 애哀는 의衣와 구口로, 나를 하늘의 마음에 두는 것이고, 즐거울 락樂은 요幺와 백白, 神道·巽卦 그리고 목木으로, 신도神道가 드러나는 것이 즐거움이다.

또 이를 치致는 지至와 복夂으로, '지극한 것에 이르다', '다스리다'는 의미를 담고 있고, 육育은 두 ㅗ와 사ㅿ 그리고 월月로, 하늘의 뜻으로 나의 몸을 기르는 것이다.

한편 사상철학을 통해 인간의 몸과 마음을 하나로 밝힌 동무東武 이제마李齊馬, 1837~1900는 사상철학의 원전인 『격치고格致藁』 제2권 「반성잠反誠箴」에서 『중용』 제1장을 온전히 인용하고, 그 철학적 의미를 논하고 있다.

「반성잠」 건잠하절乾箴下截에서는 '천명의 성', '솔성의 도', '수도의 교'를 종합하여 "천명으로써 인성人性에 주는 것이 천명의 성이고, 인성으로써 천명에 순응하는 것이 솔성의 도이다. 희로애락이 아직 발하지 않은 것은 지혜에 이르고 홀로 삼가는 것이며, 지혜에 이르고 홀로 삼가는 것은 삼가 경계하고 두려워하는 것이니, 지혜에 이르고 홀로 삼가는 것을 쉬지 않고 오래 하는 것이 곧 수도의 가르침이다. 以天命而授人性者, 天命之性也, 以人性而順天命者, 率性之道也. 喜怒哀樂之未發, 卽致知愼獨也, 致知愼獨, 卽戒愼恐懼也, 致知愼獨, 不息而久則, 修道之敎也."라고 하였다.

또 『중용』 제1장의 본성性·도·가르침敎을 도道와 덕德으로 집약하고, "도라는 것은 천명의 도이니 천명의 도는 누가 잠시라도 떨어질 수 있겠는가? 덕이라는 것은 인성의 덕이니 인성의 덕은 어찌 넘어지는 사이에도 반드시 이것에 있지 않겠는가? 그러므로 군자는 반드시 경계하고 삼가서 그 보이지 않는 곳에서 홀로 삼가고 앎에 이르며, 두려워해서 그 들리지 않는 곳에서 홀로 삼가고 앎에 이르는 것이다. 道也者, 天命之道也, 天命之道, 孰可須臾, 離於斯乎. 德也者, 人性之德

也, 人性之德, 何不顚沛 必於是乎. 是故, 君子, 必戒愼乎其所不覩而愼獨致知, 恐懼乎其所不聞而愼獨致知."라고 하여, 군자는 '홀로 삼가다愼獨'와 '앎에 이르다致知'해야 함을 논하고 있다.

또 "희로애락이 아직 발하지 않은 것을 일러 중中이라 하고, 발하여 모두 절도에 맞는 것을 일러 화和라고 하니, 홀로 삼가고 지혜에 이르는 것이 천하의 위대한 근본이며, 몸을 닦고 세상에 행하는 것이 천하의 통달한 도이다. 왕往하면 반드시 애哀가 있고, 래來하면 반드시 락樂이 있고, 임臨하면 반드시 노怒가 있고, 입立하면 반드시 희喜가 있으니, 희로애락은 인성이고, 왕래임립往來臨立은 천명이다.喜怒哀樂之未發, 謂之中, 發而皆中節, 謂之和. 愼獨而致知者, 天下之大本也. 修身而行世者, 天下之達道也. 往必有哀, 來必有樂, 臨必有怒, 立必有喜, 喜怒哀樂, 人性也, 往來立臨, 天命也."라고 하여, 홀로 삼가는 것과 앎에 이르는 것이 천하의 근본이고, '몸을 닦음修身'과 '세상에 행함行世'이 천하에 통달한 도임을 논하고 있다.

여기서 왕래임립往來臨立을 천명이라 하고, 희로애락을 인성으로 규정한 것은 사상철학을 이해하는데 있어서 핵심적 의미를 가지고 있다. 주희는 희로애락을 정情이라 하고, 그것이 아직 발하지 않은 것을 성성으로 규정하였는데喜怒哀樂, 情也, 其未發則性也., 동무는 희로애락을 바로 인성으로 논하고 있는 것이다.

희로애락의 발함과 발하지 않음을 『중용』 제20장의 '지인知人'과 '지천知天'을 통해 설명하고, "세상 사람 마음의 선성을 꿰뚫어 안 연후에야 희로애락이 이미 발하여 절도에 맞을 것이고, 세상 사람 마음의 악한 욕망을 꿰뚫어 안 연후에야 희로애락이 발하지 않아도 적중하는 것이다. 洞知天下人心之善性然後 喜怒哀樂, 己發而節也, 洞知天下人心之惡慾然後, 喜怒哀樂, 微發而中也."라고 하여, 인간의 마음은 선과 악으로 작용하기 때문에 선성善性과 악욕惡慾을 꿰뚫어 알아야 자신의 희로애락을 잘 발용할 수 있다고 하였다.

희로애락이 발할 때 절도에 맞고, 발하지 않을 때도 적중하기 위해서는 지천知天과 지인知人을 해야 하며, 지인에 있어서는 인간 마음의 선악을 꿰뚫어 알아야 희로애락이 절도에 맞고 적중할 수 있음을 알 수 있다.

또한 사상철학과 사상의학을 하나로 융합한 저술인 『동의수세보원』에서도 우임금의 희로애락이 절도에 맞은 것은 지인知人에 있음을 강조하고, 정성誠과 밝음明이 지인을 하는 방법임을 논하고 있으며, "희로애락이 아직 발동되기 전에 항상 경계하는 것, 이것이 점차 중中에 가까워지는 것이 아닌가? 희로애락이 이미 발동되어서 스스로 반성하는 것, 이것이 점차 화和에 가까워지는 것이 아닌가?喜怒哀樂未發而恒戒者, 此非漸近於中者乎, 喜怒哀樂已發而自反者, 此非漸近於節者乎."라고 하여, 희르애락이 적중하기 위해서는 항상 경계해야 하고, 화합하기 위해서는 자기반성을 해야 한다고 하였다.

사상의학의 철학적 근거로 인간의 생리적 작용을 애기哀氣·노기怒氣·희기喜氣·락기樂氣로 논하고 있기 때문에 사상철학에서 희로애락과 애로희락은 구분해서 이해할 필요가 있다. 「사단론」에서 마음의 작용성을 말할 때는 『중용』의 입장과 같이 희로애락이라고 하였지만, 인체의 기를 논할 때는 애기·노기·희기·락기이라 하여, 『중용』의 희로애락을 근거로 자신의 철학과 의학을 융합하고 있다.

마지막으로 소태산少太山 박중빈朴重彬, 1891~1943이 불교에 근원을 두고 유학과 도교를 통합한 사상인 일원철학에서는 『중용』 제1장의 '미발未發'에 대하여, "또는 주역周易의 무극과 태극이 곧 허무적멸의 진경이요, 공자의 인仁이 곧 사욕이 없는 허무적멸의 자리요, 자사子思의 미발지중未發之中이 허무적멸이 아니면 적연 부동한 중中이 될 수 없고, 대학의 명명덕明明德이 허무적멸이 아니면 명덕을 밝힐 수 없는 바라, 그러므로 각종 각파가 말은 다르고 이름은 다르나 그 진리의 본원인즉 같나니라. 그러나 허무적멸에만 그쳐 버리면 큰 도인이 될 수 없나니 허무적멸로 도의 체體를 삼고 인·의·예·지로 도의 용用을 삼아서 인간 만사에 풀어 쓸 줄 알아야 원만한 대도니라."라고 하여, 유학과 불교를 융합하는 입장에서 희로애락이 아직 발하지 않은 중中은 불교에서 도의 본체로 밝힌 허무적멸의 자리라고 하였다.

또 희로애락喜怒哀樂에 대하여는 "중생은 희·노·애·락에 끌려서 마음을 쓰므로 이로 인하여 자신이나 남이나 해를 많이 보고, 보살은 희·노·애·락에 초월하여 마음을 쓰므로 이로 인하여 자신이나 남이나 해를 보지 아니하며, 부처는 희·노·애·락을 노복같이 부려 쓰므로 이로 인하여 자신이나 남이나 이익을 많이 보나니라."라고 하여, 자신의 정情인 희로애락을 어떻게 쓰느냐에 따라 중생과 보살 그리고 부처가 나누어짐을 밝히고 있다.

또한 『대종경선외록』에서는 "유가에서 말하는 희로애락지미발처喜怒哀樂之未發處가 곧 극락인 것이다."라고 하여, 아직 작용하지 않은 우리의 마음이 지극한 자리라고 하였다.

▷ 제1장의 중中과 화和는 「중천건괘」 단사彖辭와 문언文言으로 풀다.

『중용』의 한자 읽기

喜 기쁠 희 = 吉 + 八 + 一 + 口 : 길한 것이 기쁨이다.
怒 성낼 노 = 女 + 又 + 心 : 여자를 잡는 마음이다.
哀 슬플 애 = 衣 + 口 : 나를 하늘의 마음에 두다.
樂 즐거울 락 = 幺 2개 + 白 + 木 : 신도가 드러나니 즐겁다.

제2장

中庸 중용은 군자의 길이다

仲尼ㅣ 曰君子는 中庸이오 小人은 反中庸이니라.
君子之中庸也는 君子而時中이오 小人之中庸也는 小人而無忌憚也니라.

공자께서 말씀하시기를 군자는 중용이고, 소인은 중용에 반대이다.
군자의 중용이라는 것은 군자이고 시時가 적중하는 것이고, 소인의 중용이라는 것은 소인이고 꺼림이 없는 것이다.

역해

'중용中庸'이라는 개념이 등장하고 있다. 『중용』의 '중中'과 '용庸'은 「중천건괘」 문언文言에서 유래된 것으로 보인다.

「중천건괘」에서는 "구이에서 말하기를 나타난 용이 밭에 있으니 대인을 봄이 이롭다는 것은 무엇을 이른 것인가?

공자께서 말씀하시기를 용의 덕이 정중한 것이니 떳떳한 말씀을 믿으며 떳떳한 행동을 삼가여 삿됨을 닦고 그 정성을 보존하며 세상을 선하게 하지만 자랑하지 않으며 덕을 널리 감화시키니, 역에서 말하기를 나타난 용이 밭에 있으니 대인을 봄이 이롭다고 한 것이니 군자의 덕인 것이다.九二曰見龍在田利見大人은 何謂也오 子ㅣ 曰龍德而正中者也니 庸言之信하며 庸行之謹하야 閑邪存其誠하며 善世而不伐하며 德博而化니 易曰見龍在田利見大人이라하니 君德也니라."라고 하여, 정중正中·용언庸言·용행庸行을 통해 '중용中庸'을 가져올 수 있고, 용庸은 언행言行으로 드러남을 밝히고 있다.

이 문장에서 논한 군자君子와 소인小人에 대한 이해를 분명하게 해야 한다.「지천태괘」에서 "안은 군자이고 밖은 소인이니 군자의 도는 자라고 소인의 도는 사라진다.內君子而外小人하니 君子道ㅣ 長하고 小人道ㅣ 消也라."라 하고,「천지비괘」에서 "안은 소인이고 밖은 군자이니 소인의 도는 자라고 군자의 도는 사라진다.內小人而外君子하니 小人道ㅣ 長하고 君子道ㅣ 消也라."라 하고,「천산돈괘」에서 "구사는 좋은 돈이니 군자는 길하고 소인은 비색한 것이다.九四는 好遯이니 君子는 吉코 小人은 否하니라."라고 하여, 기본적으로 군자와 소인을 상대적 개념으로 논하고 있다.

「중천건괘」에서는 "군자는 이 사덕을 행하는 사람이다. 그러므로 건乾은 원형이정이라 한다.君子ㅣ 行此四德者라 故로 曰乾元亨利貞이니라."·"군자는 배움으로써 모으고 물음으로써 변별하고, 관대함으로 거처하고, 인으로써 행하나니君子ㅣ 學以聚之하고 問以辨之하며 寬以居之하고 仁以行之하나니"라 하고,「중지곤괘」에서는 "군자가 공경으로써 안을 바르게 하고 정의로써 밖을 방정하게 하여 공경과 정의가 서면 덕이 외롭지 않다.君子ㅣ 敬以直內하고 義以方外하야 敬義立而德不孤하나니"라고 하여, 군자는 인예의지仁禮義知 사덕四德을 자각하고 실천하는 사명을 가진 존재임을 밝히고 있다.

그런데「계사하」에서 "공자께서 말씀하시기를 소인은 어질지 못한 것을 부끄러워 하지 않으며 의롭지 못한 것을 두려워하지 않는 것이라. 이로움을 보지 못하면 부지런하지 않고, 위엄을 보이지 않으면 징계하지 않는 것이니子曰小人은 不恥不仁하며 不畏不義라 不見利면 不勸하며 不威면 不懲하나니"·"소인은 작은 선으로써 이익이 없다고 하지 않으며 작은 악으로써 상함이 없다고 제거하지 않는 것이다. 그러므로 악이 쌓여서 가릴 수가 없고 죄가 커져서 풀 수가 없는 것이니小人이 以小善으로 爲无益而弗爲也하며 以小惡으로 爲无傷而弗去也라 故로 惡積而不可掩이며 罪大而不可解니"라고 하여, 소인은 아직 자신의 본성을 자각하지 못한 존재로 주어진 사명을 모르고 살아가는 존재로 규정하고 있다.

따라서『주역』에서 군자와 소인은 자신의 본성을 자각하여 그 덕을 행하는데 있어서 차이가 있는 상대적 관계임을 알 수 있다.

『맹자』에서도 "군자의 덕은 바람이고 소인의 덕은 풀이니 풀 위에 바람이 불면 풀은 반드시 엎어진다.君子之德은 風也요 小人之德은 草也니 草尙之風이면 必偃이라 하시니 是在世子하니라"라고 하여, 군자와 소인을 상대적 관계로 밝히고, "맹자께서 말하기를 대체를 좇으면 대인이 되고, 소체를 좇으면 소인이 되는 것이다.孟子曰 從其大體爲大人이요 從其小體爲小人이니라"라고 하여, 지향하는 것에 따라 대인과 소인으로 구분하고 있다.

『맹자』에서 군자는 대체大體인 심心의 근거인 인의예지仁義禮智를 자각하여 왕도정치를 실천하는 인격적 존재라면, 소인은 자신의 본성을 망각하고 소체小體인 육체의 욕망을 좇아 살아가는 사람이라 하겠다.

한편 소인과 군자를 구분하는 시중時中과 기탄忌憚을 설명해보면, 시중時中을 일반적으로 '때에 맞게 하다'로 이해하지만, 시時의 의미를 깊이 있게 논할 필요가 있다. 『논어』에서도 "배우고 시時를 익히면 또한 즐겁지 않는가?學而時習之면 不亦樂乎아"라고 하여, 시時로 시작하고 있다.

시時의 문자적 의미는 일반적으로 일日＋사寺로 분석하여 절에 해가 뜨는 때로 이해하지만, 『주역』에 근거해 보면, 일日＋사寺, 「설괘說卦」 제11장에서는 "간위혼시艮爲閽寺"라고 하여, 시는 문지기 시로 군자인 간괘☶를 상징하고 있기 때문에 '시는 진리의 빛을 지키는 간군자艮君子로 해석되는 것이다.로 해를 지키는 문지기의 의미이며, 더 구체적으로 일日, 빛＋토土, 땅＋촌寸, 節度으로 분석되어 진리를 상징하는 빛日이 땅土에 절도寸있게 드러나는 것으로 풀이된다. 또 시에 간間을 붙여서 시간으로 사용하는데, 간間, 사이은 문門＋일日로 마음의 문에 빛이 들어오는 것이다.

그러나 일반적으로 『주역』에 언급된 '시時'를 물리적 내지 인식론적인 시간으로 해석하면서 인간이 가지고 있는 시간의식인 과거-현재-미래라는 입장으로 이해하고 연구해온 것이다. 물론 변화變化라는 개념도 춘하추동 사계절 속에서 물리적 시간의 흐름이 전개되는 것을 위주로 논하고 있다.

『주역』에서 시는 그러한 시간의 의미가 아니라 '마침 즉 시작이 있는[終始]' 천도天道 운행이 드러나는 것이며, 이것은 인간의 인식을 넘어선 영원한 현재인 순간瞬間, 찰라刹那를 의미하고 있다. 또 인도人道에 있어서는 군자가 본성 자각을 통해 천지의 마음[天地之心]을 깨우치는 것과 천하에 사업을 실천하는 것을 의미하는 것이다. - 시時에 대한 문제는 「『주역』의 '시時'에 대한 고찰」『인문학연구』제24집, 인천대학교 인문과학연구소, 2016을 참고 바람. -

군자는 때를 알아서 행함을 「중산간괘重山艮卦」에서는 "단에서 말하기를 간은 그침이니 시가 그치면 그치고 시가 행하면 행하여, 움직이고 고요함에 그 시를 잃지 않는 것이 그 도가 밝게 빛나는 것인 그 그침에 그치는 것은 그곳에서 그치기 때문이다.彖曰艮은 止也니 時止則止하고 時行則行하야 動靜不失其時ㅣ 其道ㅣ 光明이니 艮其止는 止其所也일새라."라고 하여, 시에 맞게 행동하는 것이 군자임을 밝히고 있다.

다음으로 소인지도小人之道로 설명한 무기탄無忌憚은 '거리낌이 없다', '부끄러움이 없다'로 자기의 본성을 상실한 사람이다. 꺼릴 기忌는 기己와 심心으로, 내 마음에 하나님을 두고 있는 것이고, 탄憚은 심忄과 홑 단單으로, 마음을 하나로 진리를 헤아리는 것이다. 따라서 기탄忌憚은 양심의 눈으로 마음을 하나로 하여 거리낌이 있는 것이다.

기탄忌憚을 하는 군자는 「택천쾌괘澤天夬卦」에서 "상에서 말하기를 하늘 위에 연못이 쾌괘이니 군자가 이로써 녹을 베풀어 아래에 미치게 하며, 덕에 거처하면 꺼리게 되는 것이다.象曰澤上於天이 夬니 君子ㅣ 以하야 施祿及下하며 居德則忌하나니라."라고 하여, 군자는 행동의 잘못된 것을 꺼리는 것에 있다는 것이다. 소인은 이와 반대이다.

▷ 제2장의 군자와 소인은 「지천태괘」와 「천지비괘」 단사彖辭로 풀다.

『중용』의 한자 읽기

時 때 시 = 日 + 土 + 寸 : 빛이 땅에 내려오다.
忌 꺼릴 기 = 己 + 心 : 내 마음의 하나님이다.
憚 꺼릴 탄 = 忄 + 單 : 마음을 하나로 하다.
君 임금 군 = 三 + 丿 + 口 : 지휘봉을 잡고 말하다.

제3장 中庸 중용은 지극하다

子ㅣ 曰中庸은 其至矣乎인져 民鮮能이 久矣니라.

공자께서 말씀하시기를 중용은 그 지극한 것이구나. 백성이 드물게 능한 것이 오래이다.

역해

'중용은 그 지극한 것이다' 할 때, 지至는 이二와 사厶 그리고 십十으로, 하늘과 땅 사이에서 인간이 십十의 이치를 깨우치는 의미를 담고 있다. 지至는 「중지곤괘重地坤卦」에서 "지극하구나 곤원이여至哉라 坤元이여"라 하고, 「계사상」에서 "역도는 그 지극한 것이구나 易이 其至矣乎인져"라고 하여, 『주역』의 진리를 표상하는 개념임을 알 수 있다.

또 「중천건괘」에서는 "공자가 말씀하시기를 군자가 덕에 나아가서 사업을 닦는 것이니, 충고·믿음은 덕에 나아가는 원리이고, 말씀을 닦아 정성을 세움은 사업에 거처하는 원리이다. 지극함을 알아서 지극히 하는 것이라 가히 기미와 더불어 마칠 것을 알아서 마치는 것이라 가히 더불어 정의를 보존하는 것이니子ㅣ 曰君子ㅣ 進德修業하나니 忠信이 所以進德也ㅇ 修辭立其誠이 所以居業也라 知至至之라 可與幾也며 知終終之라 可與存義也니"라 하고,「지택임괘」에서는 "육사는 지극한 임이니 허물이 없는 것이다.六四는 至臨이니 无咎하니라."라고 하여, 군자의 행동이 지극함을 논하고 있다.

「계사상」에서는 "성대한 덕과 위대한 사업이 지극한 것이다.盛德大業이 至矣哉라.",·"이간의 선은 지극한 덕과 짝하는 것이다.易簡之善은 配至德하니라.",·"천하의 지극한 정이 아니면, 천하의 지극한 변화가 아니면, 천하의 지극한 신이 아니면非天下之至精이면 …… 非天下之至變이면……非天下之至神이면"이라고 하여, 하늘의 지극한 작용을 밝히고 있다. 『대학』에서는 "지극한 선에서 그친다止於至善"라고 하였다.

다음으로 '백성이 드물게 능하다[民鮮能]'는 「계사상」제5장의 "한 번 음하고 한 번 양하는 것을 도라 하고, 이은 것을 선이라 하고, 이룬 것을 본성이라 한다. 어진 사람이 봄에 인仁이라 하고, 지혜로운 사람이 봄에 지知라고 하고, 백성은 날마다 쓰지만 알지 못하는 것이다. 그러므로 군자의 도는 드문 것이다.一陰一陽之謂ㅣ 道니 繼之者ㅣ 善也오 成之者ㅣ 性也라. 仁者ㅣ 見之애 謂之仁하며 知者ㅣ 見之애 謂之知오 百姓은 日用而不知라 故로 君子之道ㅣ 鮮矣니라."와 만나게 된다.

『중용』에서는 중용의 도가 지극한 것으로 백성들 가운데 능한 사람이 드물다 하였고, 『주역』에서는 천도인 음양작용이 인간 본성으로 내재화되어 인仁과 지知가 되었음을 알아서 실천하는 군자의 도가 드물다고 하였다. 중용이 지극하고, 역도가 지극한 것으로 군자가 그 지극함을 알아서 실천하는 존재임을 알 수 있다.

▷ 제3장의 지극함은 「중지곤괘重地坤卦」 단사彖辭로 풀다.

『중용』의 한자 읽기

庸 쓸 용 = 广 + 彐 + 用 : 작용을 잡다.
至 이를 지 = 二 + 厶 + 十 : 하늘과 땅에 이르다.
鮮 드물 선 = 魚 + 羊 : 백성은 드물다.
矣 어조사 의 = 厶 + 矢 : 나를 성인에 두다.

제4장 · 제5장 진리가 행해지지 않다

子ㅣ 曰道之不行也를 我知之矣로라
知者는 過之하고 愚者는 不及也니라
道之不明也ㅣ 我知之矣로라
賢者는 過之하고 不肖者는 不及也니라.
人莫不飲食也언마는 鮮能知味也
니라.

공자께서 말씀하시기를 도가 행해지지 않음을 내 아는 것이다.
지혜로운 사람은 지나치고 어리석은 사람은 미치지 못하는 것이다.
도가 밝지 못함은 내가 아는 것이다.
어진 사람은 지나치고 어리석은 사람은 미치지 못하는 것이다.
사람들이 마시고 먹지 않음이 없지만, 그 맛을 아는 사람은 드문 것이다.

子ㅣ 曰道其不行矣夫인져

공자께서 말씀하시기를 도가 그 행해지지 않을 것이구나!

역해

『중용』제4장과 제5장은 같은 내용이라 하겠지만, '도지불행道之不行'과 '도기불행道其不行'을 엄밀하게 하면, '도의 행해지지 않음'과 '도가 그 행해지지 않음'으로 이해된다. 어조사 지之와 그 기其의 차이로 도지불행이 일반적인 의미에서 도가 행해지지 않는다는 것이라면, 도기불행은 그때 내지 그곳에서 도가 행해지지 않는다는 것으로 언젠가는 도가 행해진다는 의미를 가지고 있다.

『논어』에서도 공자가 도가 행해지지 않음을 밝히고 있다. "공자께서 말씀하시기를 도가 행해지지 않을 것이라 뗏목을 타고 바다에 두둥실 뜰 것이니 나를 따르는 사람은 그 자로이구나. 子ㅣ曰道不行이라 乘桴하야 浮于海호리니 從我者는 其由與인더": "군자의 벼슬은 그 정의를 행하는 것이니, 도의 행해지지 않음은 이미 알고 있다. 君子之仕也는 行其義也니 道之不行은 已知之矣시니라."라고 하여, 도가 행해지지 않음은 정의가 행해지지 않는 것으로 도道와 의義를 같이 논하고 있다.

다음으로 '음식의 맛을 아는 사람이 드물다'에서 음식飮食은 마실 음飮, 먹을 식食으로, 마시고 먹는 것이지만, 참된 음식은 진리를 마시고 먹는 것이기 때문에 도가 행해지지 않기 때문에 진리를 아는 사람이 드물다는 것이다. 사람들이 음식을 먹지만 그 맛을 알지 못한다는 것은 우리는 학문을 한다고 하지만, 진리에 대해 그 참 뜻을 아는 사람이 드물다는 것이다.

한자에서도 식食은 인人과 어질 양良 =丶+艮으로, 사람의 어진 마음이고, 음飮은 식食과 흠欠=勹+人으로, 어진 사람이 사람을 감싸고 있는 뜻으로 마음의 음식임을 알 수 있다.

음식을 『주역』에서는 "수괘需卦는 음식의 도이다.需者는 飮食之道也라"라고 하여, 음식지도飮食之道로 논하고 있다. 「수천수괘水天需卦」에서는 "상에서 말하기를 하늘 위에 구름이 수괘이니 군자가 이로써 마시고 먹어서 잔치를 즐기는 것이다.象曰雲上於天이 需니 君子ㅣ 以하야 飮食宴樂하나니라."라 하고, "구오는 술과 음식에서 기다리니 곧고 길한 것이다. 상에서 말하기를 술과 음식이 곧고 길하다는 것은 중정하기 때문이다.九五는 需于酒食이니 貞코 吉하니라. 象曰酒食貞吉은 以中正也일새라."라고 하여, 음식이 그냥 음식이 아니라 성인의 말씀을 마시고 먹는 것이라 하였다.

또 「산뢰이괘山雷頤卦」에서는 "상에서 말하기를 산 아래에 우레가 있음이 이괘이니 군자가 이로써 말씀을 삼가며 마시고 먹음을 절도 있게 하는 것이다.象曰山下有雷ㅣ 頤니 君子ㅣ 以하야 愼言語하며 節飮食하나니라."라고 하여, 마시고 먹는데 함부로 하지 말고 천지天地의 마디에 맞게 해야 함을 밝히고 있다.

예수께서 최후의 만찬에서 제자들에게 준 빵은 당신의 살이라 하고, 따라준 포도주는 당신의 피라고 한 것은, 바로 성인의 말씀을 먹고 마시는 것이라 생각된다.

일원철학의 『대종경』에서는 "대종사 서울에 계실 때에 민자연화閔自然華가 매양 대종사의 공양하시고 남은 밥을 즐겨 먹거늘 대종사 그 연유를 물으시니 자연화 사뢰기를 [불서에 부처님 공양하고 남은 음식을 먹으면 천도도 받고 성불도 할 수 있다 하였삽기로 그러하나이다.] 대종사 말씀하시기를 [그것은 그대가 나를 지극히 믿고 존경함에서 나온 생각임을 알겠으나 그대가 그 말을 사실로 해석하여 알고 믿는가 또는 알지 못하고 미신으로 믿는가.] 자연화 사뢰기를 [그저 믿을 뿐이옵고 그 참 뜻을 분석해 보지는 못 하였나이다.] 대종사 말씀하시기를 [사람이 부처님의 공양하시고 남은 밥을 먹게 된 때에는 그만큼 부처님과 친근하게 된 것이라, 자연히 보는 것은 부처님의 행동이요, 듣는 것은 부처님의 말씀이요, 깨닫는 것은 부처님의 정법이요, 물드는 것은 부처님의 습관이 되어, 이에 따라 천도 받기도 쉽게 되고 성불도 쉽게 할 수 있을 것이 아닌가. 이것이 곧 그 말씀의 참 뜻이니라.]"라고 하여, 음식의 의미를 자세하게 밝히고 있다.

한편 위의 문장에서 서로 대응되는 지知와 우愚, 현賢과 불초不肖, 불행不行과 불명不明은 사상철학에서 사상인의 마음을 논하면서 인용하고 있다. 알 지知는 시矢와 구口로, 성인의 진리를 말하는 것이고, 어리석을 우愚는 우禺와 심心으로, 하늘을 가둔 마음이고, 어질 현賢은 신臣과 우又 그리고 패貝로, 하늘의 작용을 잡는 신하가 어질다는 뜻이고, 닮을 초肖는 소小와 월月로, 작은 음양작용을 닮는 뜻이다.

『동의수세보원』「성명론」에서는 "귀·눈·코·입은 모든 사람을 지혜롭게 하고, 턱·가슴·배꼽·배는 모든 사람을 어리석게 하고, 폐·비·간·신은 모든 사람을 현명하게 하고, 머리·어깨·허리·엉덩이는 모든 사람을 못나게 한다. 耳目鼻口는 人皆知也오 頷臆臍腹은 人皆愚也오 肺脾肝腎은 人皆賢也오 頭肩腰臀은 人皆不肖也니라."라고 하여, 사람이 본래부터 가지고 있는 것은 지知와 현賢이라 하고, 욕심에 의해서 가려진 것은 우愚와 불초不肖로 밝히고 있다.

"사람의 귀·눈·코·입은 하늘이니 하늘은 지혜로운 것이고, 사람의 폐·비·간·신은 성인이니 성인은 현명하고, 나의 턱·가슴·배꼽·배는 내 자신의 마음으로 자연히 되어서 어리석음을 벗어나지 못하고 있으니 나가 어리석음에서 벗어나는 것은 나에게 있는 것이고, 나의 머리·어깨·허리·엉덩이는 내 자신의 육신으로 자연히 되어서 못남을 벗어나지 못하고 있으니 내가 못함에서 벗어나는 것은 나에게 있는 것이다. 人之耳目鼻口는 天也니 天이 知也오 人之肺脾肝腎은 人也니 人이 賢也오 我之頷臆臍腹은 我自爲心而未免愚也니 我之免愚는 在我也오 我之頭肩腰臀은 我自爲身而未免不肖也니 我之免不肖는 在我也니라."라고 하여, 지知와 현賢 그리고 우愚와 불초不肖를 직접 사람의 몸에 대응하여 논하고 있다. 이목비구는 지혜롭고 폐비간신은 어질지만, 함억제복과 두견요둔에는 어리석음이 있어서 경계해야 함을 밝히고 있다.

또 「확충론」에서는 "태양인이 비록 지극히 어리석으나 그 성품이 편편연하여 오히려 끌어 들이고, 비록 지극히 어리석으나 사람의 선과 악을 또한 아는 것이다. 소양인이 비록 지극히 어리석으나 그 성품이 회회연하여 오히려 법도에 맞게 하고, 비록 지극히 어리석으나 사람의 지혜와 아둔함을 또한 아는 것이다. 태음인이 비록 지극히 어리석으나 그 성품이 탁탁연하여 오히려 가르쳐 인도하고, 비록 지극히 어리석으나 사람의 부지런함과 게으름을 또한 아는 것이다. 소음인이 비록 지극히 어리석으나 그 성품이 탄탄연하여 오히려 어루만져 따르게 하고, 비록 지극히 어리석으나 사람의 할 수 있음과 하지 못함을 드한 아는 것이다. 太陽人이 雖至愚나 其性이 便便然猶延納也오 雖至不肖나 人之善惡을 亦知之也니라. 少陽人이 雖至愚나 其性이 恢恢然猶式度也오 雖至不肖나 人之知愚를 亦知之也니라. 太陰人이 雖至愚나 其性이 卓卓然猶敎誘也오 雖至不肖나 人之勤惰를 亦知之也니라. 少陰人이 雖至愚나 其性이

坦坦然猶撫循也오 雖至不肖나 人之能否를 亦知之也니라."라고 하여, 사상인은 지극히 어리석지만 잘하는 것을 가지고 있음을 밝히고 있다.

위 인용문을 통해 사상인의 왜곡된 마음을 간략히 설명하면, 태양인은 다른 사람의 선과 악은 잘 알지만, 자신의 마음과 행동이 선한지 악한지는 알지 못하여 악을 선으로 생각하고 할 수 없는 일을 하게 되며, 소음인은 다른 사람이 그 일을 할 수 있는지 없는지는 잘 알지만, 자기의 일은 욕심에 빼앗겨서 선한 일인지 악한 일인지 알지 못하고 똥고집을 부려서 해서는 되지 않을 일이나 할 수 없는 일을 끝까지 하려고 한다.

소양인은 다른 사람이 지혜로운지 어리석은지는 잘 알지만, 자신의 어리석음을 알지 못하여 게으른 마음과 행동을 통해 자기 멋대로 사람을 판단하고 진리를 왜곡하며, 태음인은 다른 사람의 부지런함과 게으름은 잘 알지만, 지혜가 없어져 자신의 게으름은 알지 못하고 일이 이루어지지 않으면 세상과 다른 사람을 원망하게 되는 것이다.

▷ 제4장의 음식飮食은 「수천수괘」의 음식지도飮食之道로 풀다.

『중용』의 한자 읽기

食 먹을 식 = 人 + 良 : 사람의 양심이다.
飮 마실 음 = 食 + 欠 : 마시는 것이다.
行 행할 행 = 彳 + 二 + 亅 : 음양이 행해지다.
我 나 아 = 扌 + 戈 : 땅을 잡다.

제6장 선(善)을 드날리다

子ㅣ 曰舜은 其大知也與신져 舜이 好問而好察邇言하샤대 隱惡而揚善하시며 執其兩端하샤 用其中於民하시니 其斯以爲舜乎신져

공자께서 말씀하시기를 순임금은 위대하신 지혜로시구나! 순임금이 물음을 좋아하고 가까운 말씀을 살피기를 좋아하시되, 악을 작게 하시고 선을 드날리시며, 그 양쪽 끝을 잡으시어 백성에게 그 중을 쓰시니, 그 이것이 순임금이 되는 것이구나!

역해

공자께서 순임금의 위대한 지혜[大知]에 대하여 설명하고 있다. 순임금의 위대한 지혜를 네 가지로 나누면, 첫째는 다른 사람에게 묻기를 좋아하시고, 둘째는 가까운 말씀을 살피기를 좋아하시고, 셋째는 악을 작게 하시고 선을 널리 드날리시고, 넷째는 일의 양끝을 잡아

서 사람들에게 그 중도를 쓰시는 것이다.

순임금이 실천한 네 가지에서 첫 번째, 두 번째를 『맹자』에서는 "큰 순임금은 위대함이 있으시니, 선을 다른 사람과 한 가지로 하시어 자기를 버리고 다른 사람을 쫓아가시며, 다른 사람에게 취하는 것을 즐기시어 선을 하시다.大舜은 有大焉하시니 善與人同하사 舍己從人하시며 樂取於人하야 以爲善하시다."라고 하였다.

세 번째는 『주역』에서 직접 밝히고 있는데, 「화천대유괘」에서는 "상에서 말하기를 불이 하늘 위에 있음이 대유괘이니 군자가 이로써 악을 막고 선을 드날려 하늘에 순응하고 천명을 아름답게 하는 것이다.象曰火在天上이 大有니 君子ㅣ 以하야 遏惡揚善하야 順天休命하나니라."라고 하여, 악을 막고 선을 드러내는 것이 천명天命에 따르고 아름답게 하는 것이라 하였다.

「화천대유괘」의 상구上九 효사는 "하늘로부터 돕는 것이라 길하여 이롭지 않음이 없는 것이다.自天祐之라 吉无不利로다"로 「계사하」에서 순임금을 논하면서 인용한 구절이고, 이는 『주역』에서 가장 아름다운 문장으로, 하늘로부터 도움을 받으려면 우리의 노력이 필요한 것이다. 순임금은 스스로 하늘의 도움을 받는 언행을 실천한 성인이시다.

네 번째의 사람들에게 중도中道를 쓴 것은 순임금이 중도를 잡고 있기 때문으로 『서경』에서 "사람의 마음은 오직 위태롭고 진리의 마음은 오직 작으니 오직 정밀하고 오직 하나로 하여 진실로 그 중을 잡아라.人心은 惟危하고 道心은 惟微하니 惟精惟一하샤 允執厥中이니라."라고 하여, 요임금이 순임금에게 경계한 말씀에 나타나 있다.

순임금이 순임금 되신 이유인 1)물음을 좋아하고, 2)가까운 말씀

살피기를 좋아하고, 3)악을 숨기고 선을 드러내고, 4)양단을 잡아서 중도를 쓰는 것은 성인이 행한 네 가지 덕으로 군자가 실천해야 할 인예의지仁禮義知 사덕의 근거가 되는 것이다.

지知는 시矢 = 人 + 大와 구口로, 하늘의 뜻을 깨우친 대인의 말씀을 하는 것으로 대지大知는 하늘의 위대한 뜻을 말씀하는 지혜이고, 언言은 두亠와 이二 그리고 구口로, 하늘의 작용인 음양의 이치를 말하는 것이다.

▷ 제6장의 은악양선隱惡揚善은 「화천대유괘」 대상사의 알악양선遏惡揚善으로 풀다.

『중용』의 한자 읽기

舜 순임금 순 = 爫 + 冖 + 舛 : 마음으로 어지러움을 덮다.
知 알 지 = 人 + 大 + 口 : 하늘의 뜻을 말하다.
言 말씀 언 = 亠 + 二 + 口 : 음양의 이치를 말하다.
察 살필 찰 = 宀 + 月 + 又 + 示 : 하늘을 잡아서 보다.

제7장 그물과 덫으로 들어가다

子ㅣ 曰人皆曰予知로대 驅而納諸罟擭陷阱之中而莫之知辟也하며 人皆曰予知로대 擇乎中庸而不能期月守也니라.

공자께서 말씀하시기를 사람은 모두 내가 지혜롭다고 하되 몰아서 그물과 덫 그리고 함정의 가운데 들어가지만 피할 줄을 알지 못하며, 사람은 모두 내가 지혜롭다고 하되 중용을 택하지만 한 달을 지키지 못하는 것이다.

역해

제6장에 이어서 공자께서 사람들의 지혜[知]에 대하여 논하고 있다. 사람들이 자기가 지혜롭다고 생각하지만, 그 삶을 보면 자기의 욕망을 좇아서 물고기들이 걸리는 그물이나, 새들이 잡히는 덫이나, 들짐승들이 잡히는 함정에 빠지고도 피할 줄을 모르는 것이다. 즉,

사람들은 스스로 안다고 하지만 어려운 일을 당하여서는 명예의 덫에 걸리고, 욕심에 눈이 어두워 함정에 빠져서 허우적거리는 것이다.

몰 구驅는 마馬와 구區 = 匚 + 品로, 물건을 잡기 위한 동물적 욕망을 몰아가는 것이고, 그물 고罟는 망罒 = 四과 고古로, 물고기를 잡는 그물이고, 잡을 확攫은 수扌와 초艹 그리고 추隹와 우又로, 새를 잡는 덫이나 그물이고, 함정陷阱은 언덕 아래의 절구나 우물로 들짐승을 잡는 것으로 모두 사람이 욕망에 걸리는 것을 비유하고 있다.

우리의 삶에 있어서 함정에 대한 말씀은 『주역』에서 "감괘는 빠지는 것이다. 坎은 陷也오"라고 하여, 「중수감괘重水坎卦」로 밝히고 있다. 「중수감괘」에서는 "초육은 거듭된 어려움이니, 어려운 구덩이에 들어가는 것이니 흉한 것이다. 상에서 말하기를 거듭된 어려움과 어려움에 들어감은 도를 잃어버린 것이라 흉한 것이다. 初六은 習坎에 入于坎窞이니 凶하니라. 象曰習坎入坎은 失道라 凶也라."라고 하여, 인생의 어려움이 거듭되고 있는데 자기 반성을 통해 방향을 돌리지 않고 계속해서 진행하는 것은 진리를 생각하지 않는 것으로 흉이라 하였다.

또 "육삼은 옴어 어렵고 어려우며 험함에 또 베개하여 어려운 구덩이에 들어가니 쓰지 말라는 것이다. 六三은 來之坎坎이며 險애 且枕하야 入于坎窞하니 勿用이니라."라고 하여, 삶에 험함이 있는데 베개를 베고 더욱 깊은 구덩이어 들어가고 있기 때문에 쓰지 말라고 하였다.

또한 사람들이 자기가 지혜롭다고 생각하지만, 진리의 삶을 선택해서는 한 달도 지키지 못하는 것이다. 가릴 택擇은 수扌와 망罒 그리고 행幸으로, 자신이 스스로 행복을 그물질하는 것이고, 수守는 면宀과 촌寸으로, 집에서 하늘이 드러나는 마디를 지키는 것이다.

▷ 제7장의 함정陷阱은 「중수감괘重水坎卦」의 원리로 풀다.

『중용』의 한자 읽기

皆 다 개 = 比 + 白 : 신도를 나란히 하다.
驅 몰 구 = 馬 + 匚 + 品 : 물건을 잡아서 몰다.
罟 그물 고 = 罒 + 古 : 옛날 그물이다.
攫 잡을 획 = 扌 + 艹 + 隹 + 又 : 손으로 새를 잡다.

제8장 선善을 가슴에 품다

子ㅣ 曰回之爲人也ㅣ 擇乎中庸하야 得一善則拳拳服膺而弗失之矣니라.

공자께서 말씀하시기를 안회의 사람됨이 중용을 택하여 하나의 선을 얻으면 받들어 잡아 가슴 속에 두고 절대로 잃지 않는 것이다.

역해

위에서 대지大知한 순임금 그리고 함정에 빠지는 사람, 중용을 택하여 한 달을 지키지 못하는 사람을 논하고, 이어서 중용을 택하여 잡아 가슴 속에 두는 안회顔回를 논하고 있다.

『주역』어 유일하게 등장하는 제자의 이름이 바로 안씨의 자식인 안회이다.「계사하」에서는 "공자께서 말씀하시기를 안 씨의 자식이 그 거의 가까운 것이구

나! 선하지 못함이 있으면 일찍이 알지 못함이 없으며, 알면 일찍이 다시 행하지 않으니, 『주역』에서 말하기를 멀지 않아서 돌아오는 것이라 후회함에 이름이 없고 근원적으로 길하다 하는 것이다. 子曰顔氏之子ㅣ 其殆庶幾乎인져 有不善이면 未嘗不知하며 知之면 未嘗復行也하나니 易曰不遠復이라 无祗悔니 元吉이라 하니라."라고 하여, 「지뢰복괘」의 초구효사를 통해 안회顔回의 학문과 삶을 밝히고 있다.

또 『논어』에서는 "애공이 묻기를 제자 중에서 누가 학문을 좋아합니까? 공자께서 대답하여 말하기를 안회가 있어서 학문을 좋아하여 성냄을 옮기지 않고 허물을 두 번하지 않더니 불행하게도 명이 짧아 죽었습니다. 지금은 없으니 아직 학문을 좋아하는 사람을 듣지 못했습니다. 哀公이 問弟子ㅣ 孰爲好學이니잇고 孔子ㅣ 對曰有顔回者ㅣ 好學하야 不遷怒하며 不貳過하더니 不幸短命死矣라 今也則亡하니 未聞好學者也케이다."라고 하여, 학문을 좋아하고 실천한 제자로 높이 평가하고 있다.

위의 제6장, 제7장, 제8장은 인간 삶의 네 가지 유형을 밝힌 것으로 한 묶음으로 해석된다. 네 가지 유형의 사람을 상근기, 중근기, 하근기로 구분해서 이해할 수 있다.

『대종경』에서는 "대종사 말씀하시기를 [모든 공부인의 근기根機가 천층 만층으로 다르나 대체로 그를 상·중·하 세 근기로 구분하나니, 상근기는 정법을 보고 들을 때에 바로 판단과 신심이 생겨나서 모든 공부를 자신하고 행하는 근기요, 중근기는 자세히 아는 것도 없고 혹은 모르지도 아니하여 항상 의심을 풀지 못하고 법과 스승을 저울질하는 근기요, 하근기는 사邪와 정正의 분별도 없으며 계교와 의심도 내지 아니하여 인도하면 인도하는 대로 순응하는 근기라, 이 세 가지

근기 가운데 도가에서 가장 귀히 알고 요구하는 것은 상근기이니, 이 사람은 자기의 공부도 지체함이 없을 것이요, 도문의 사업도 날로 확장하게 할 것이며, 둘째로 가히 인도할 만한 것은 하근기로서 독실한 신심이 있는 사람이니, 이 사람은 비록 자신은 없다 할지라도, 법을 중히 알고 스승을 돈독히 믿는 데 따라 그 진행하는 정성이 쉬지 않으므로 필경은 성공할 수 있나니라. 그러나 그 중에 가장 가르치기 힘들고 변덕이 많은 것은 중근기니, 이 사람은 법을 가벼이 알고 스승을 업신여기기 쉬우며, 모든 일에 철저한 발원과 독실한 성의가 없으므로 공부나 사업이나 성공을 보기가 대단히 어렵나니라. 그러므로 중근기 사람들은 그 근기를 뛰어 넘는 데에 공을 들여야 할 것이며 하근기로서도 혹 바로 상근기의 경지에 뛰어 오르는 사람이 있으나, 만일 그렇지 못하고, 중근기의 과정을 밟아 올라가게 될 때에는 그 때가 또한 위험하나니 주의하여야 하나니라.]"라고 하여, 사람이 가진 지적知的·영적靈的 근기가 다름을 자세하게 밝히고 있다.

우리가 성인의 가르침을 배우고 실천해야 하는 것은 바로 자신의 지적·영적 근기를 높이기 위한 것이다. 근기를 높이기 위해서는 성인의 말씀과 자신을 믿고, 반드시 하고자 하는 열정, 질문하는 의단, 그리고 정성을 다하는 노력이 있어야 한다.

이 네 가지 유형의 삶에서 우리는 어떠한 삶을 살고 있는가? 스스로를 돌아보는 시간이 있어야 하겠다. 우리가 성인聖人인 순임금의 삶은 어렵더라도 군자로 칭송되는 안회顏回의 삶을 따라가는 것이 어떨까 생각해 보게 된다.

복종할 복服은 월月 = 冂 + 二과 반反 = 厂 + 又으로, 달의 뜻으로 되돌리는 것이고, 잃을 실失은 인人과 대大로, 하늘의 진리를 말하면서 성인의 가르침을 넘어선 것으로 본성을 잃은 것이고, 하늘의 뜻을 읽은 것이다.

또한 리차드 바크는『갈매기의 꿈』에서 말한다. "그대는 먹는 것과 싸우는 것, 혹은 무리 속의 권력 이상의 삶이 있다는 최초의 깨달음에 이르기 전에 우리가 얼마나 많은 삶을 거치지 않으면 안 되었다는 생각을 해 본적이 있나? 존! 천의 삶, 만의 삶이라네.""아무것도 배우지 않는다면, 다음의 세계도 지금의 세계와 똑같은 것일 수 밖에 없지, 전혀 똑같은 한계들과 극복해야 할 무거운 짐에 짓눌리는!" 즉, 성인의 말씀을 통해 스스로 삶의 차원을 높이지 않으면 다음의 세계도 또 다음의 세계도 똑같다고.

또 주인공인 조나단은 다른 갈매기들에게 이렇게 외친다. "형제들이여! 산다는 것은 의미와 생활에 대해 더 숭고한 목적을 찾고 갈구하는 갈매기보다 더 책임있는 갈매기가 과연 누구란 말입니까?… 배우고 발견하고, 그래서 좀 더 자유롭게 되어야 할 이유를 가지고 있는 것입니다."

『갈매기의 꿈』의 핵심적 가르침인 '높이 나는 갈매기가 멀리 본다.'를 대상적으로만 이해하면, 돈이 많은 사람이 최고이고, 지위가 높은 사람이 최고이고, 학식이 많은 사람이 최고라는 것에 빠지게 된다. '높이 나는 갈매기'는 자기의 차원을 높인 갈매기로, 상근기의 지적·영적 능력을 가져야 가장 멀리 볼 수 있는 것이다.

▷ 제8장의 안회顔回는 「계사하」 제5장의 「지뢰복괘」로 풀다.

『중용』의 한자 읽기

擇 가릴 택 = 扌 + 罒 + 幸 : 손으로 운을 가리다.
拳 주먹 권 = 人 + 二 + 八 + 手 : 손을 쥐다.
服 복종할 복 = 月 + 反 : 음양으로 되돌리다.
失 잃을 실 = 丿 + 大 : 성인을 잃다.

제9장 中庸 중용은 불가능이다

子ㅣ 曰天下國家도 可均也며 爵祿도 可辭也며 白刃도 可蹈也로대 中庸은 不可能也니라.

공자께서 말씀하시기를 천하와 국가도 고르게 할 수 있으며, 작위와 봉록도 사양할 수 있으며, 흰 칼날도 밟을 수 있으되, 중용은 능할 수 없는 것이다.

역해

　　천하와 국가를 공평하게 다스리는 일, 명예와 재물을 사양하는 일, 서슬 푸른 칼날을 밟는 일도 우리에게는 매우 어려운 일이지만, 중용을 실천하는 일은 성인이 아니면 거의 불가능하다는 것이다. 「계사상」에서는 성인의 도가 네 가지 있다고 하면서, "멀고 가까움, 그윽하고 깊음이 없이 드디어 오는 물物을 아니 천하의 지극한 정미함이 아니면 그 누가 능히 이것과 더불어 하겠는가? … 그 수를 지극히 하여 드디어 천하의 상을 정하니 천하의 지극한 변화가 아니면 그 누가 능히 이것과 더불겠는가? … 천하의 지극한 신명이 아니면 그 누가 능히 이것과 더불겠는가? 무릇 역도는 성인이 지극히 깊고 기미를 연구한 까닭이다. 无有遠近幽深히 遂知來物하나니 非天下之至精이면 其孰能與於此리오 … 極其數하야 遂定天下之象하니 非天下之至變이면 其孰能與於此리오 … 非天下之至神이면 其孰能與於此리오 夫易은 聖人之所以極深而研幾也니"라고 하여, 성인이 지극한 정미함과 지극한 변화와 지극한 신명으로써 역도易道를 알 수 있다고 하였다. 중용中庸을 행함이 이와 같이 어려운 것이다.

국가國家에서 국國은 구口와 과戈 그리고 구口와 일一로, 한 사람이 창을 들고 지키는 영토로 해석하지만, 『주역』에서 보면 과戈는 이괘離卦를 상징하기 때문에 사람에 의해서 곤괘坤卦의 인격적 사랑이 펼쳐지는 곳이 나라이다. 또 가家는 집 면宀과 돼지 시豕로, 돼지가 사는 집이지만, 시豕는 감괘坎卦를 상징하기 때문에 하늘의 인격적 뜻이 펼쳐진 곳이 가정이다. 따라서 국가는 우리가 생각하는 관념적 집단이 아니라 인간이 천지의 뜻을 받들어 사랑을 실천하는 장場이다.

『대학』의 수신제가修身齊家와 치국평천하治國平天下는 우리가 살아가야 할 인격적 세계를 논한 것으로 국가가 없으면 인간다운 삶을 살 수 없는 것이다. 서구의 관념적 사고에 기반한 사회계약론적 국가관 내지 무정부주의 등은 인간 삶에 대한 본질적 의미를 망각한 것으로 유학의 국가관과는 차원이 다른 것이다. '국가란 무엇인가?' 스스로 물음을 가질 때 그 본래적 의미를 얻을 수 있다.

작록爵祿에서 벼슬 작爵은 조爫와 망罒 그리고 간艮, 촌寸으로, 하늘의 네 마디 작용이 마디에 맞게 그쳐 있는 것이고, 녹 록祿은 시示와 록彔=彑+氺으로, 하늘이 내리는 은택이다. 작위爵位에는 인의충신락선불권仁義忠信樂善不倦의 하늘이 준 천작天爵이 있고, 공경대부公卿大夫의 사람이 주는 인작人爵이 있다. 자기에게 주어진 천작을 닦으면, 인작은 자연히 얻게 되는 것이다.

다음으로 가可와 불가不可에 대해 「뇌산소과괘雷山小過卦」에서는 "소과괘는 형통하니 곧음이 이로우니, 작은 일은 할 수 있고 위대한 일은 할 수 없으니, 나는 새가 남긴 소리에 위는 마땅하지 않고 아래는 마땅하면 크게 길한 것이다.小過는 亨하니 利貞하니 可小事오 不可大事니 飛鳥遺之音에 不宜上이오 宜下면 大吉이니라."라고 하여, 소사小事와 대사大事를 통해 할 수 있음과 할 수 없음을 구분하고 있다. 『주역』에서 작은 일은 자기 심성 내면의 일로 학문하는 것이라면, 큰 일은 밖으로 실천하는 일이다.

한자에서 옳을 가可는 정丁과 구口로, 하늘의 작용이 세상에 드러나는 것이니 옳은 것이고, 능能은 사厶와 월月 그리고 비匕 두 개로, 나를 하늘에 가지런히 하는 것이다.

▷ 제9장의 중용中庸은 「계사상」 제10장의 성인지도聖人之道로 풀다.

『중용』의 한자 읽기

國 나라 국 = 口 + 口 + 丿 + 戈 : 땅과 사람의 세계이다.
爵 벼슬 작 = 爫 + 皿 + 艮 + 寸 : 하늘 작용이 그쳐있다.
祿 봉록 록 = 示 + 彔 : 하늘이 내린 은택이다.
能 능할 능 = 厶 + 月 + 匕 : 나를 하늘에 가지런히 하다.

제10장 부드러움이 강함을 안다

子路ㅣ 問强한대
子ㅣ 曰南方之强與아 北方之强
與아
寬柔以敎오 不報無道는 南方之
强也니 君子ㅣ 居之니라.
衽金革하야 死而不厭은 北方之
强也니 而强者ㅣ 居之니라.
故로君子는 和而不流하나니 强哉矯여
中立而不倚하나니 强哉矯여 國有
道애 不變塞焉하나니 强哉矯여 國
無道애 至死不變하나니 强哉矯여.

자로가 강함을 물으신대.
공자께서 말씀하시기를 남방의 강함인가? 북방의 강함인가?
너그럽고 부드러움으로써 가르치고, 무도無道에 보답하지 않는 것은 남방의 강함이니 군자가 거처하는 것이다.
무기와 갑옷을 깔고 죽어도 싫어하지 않음은 북방의 강함이니 강자가 거처하는 것이다.
그러므로 군자는 화합하되 흐르지 않으니 강하구나! 중을 세워서 치우치지 않으니 강하구나! 나라에 도가 있음에 경계를 변하지 않으니 강하구나! 나라에 도가 없음에 죽음이 이르러도 변하지 않으니 강하구나!

역해

　강强과 유柔에 대하여 논하고 있다.

　「잡괘雜卦」에서는 "건괘는 강이고 곤괘는 유이니乾剛坤柔"라고 하여, 강함과 부드러움은 건괘乾卦와 곤괘坤卦를 상징하고 있다. 강强과 강剛은 모두 굳셀 강이지만, 강强은 궁弓과 구口 그리고 충虫으로, 하늘의 작용이 드러나는 강함이라면, 강剛은 강岡과 도刂로, 땅에서 살아가는 사람이 심판하는 강함으로 해석된다.

　남방의 강은 「중지곤괘」의 "곤괘는 지극히 부드럽고 움직임에는 강하고坤은 至柔而動也 剛하고"에 근거한 것이고, 북방의 강은 「중천건괘」의 "위대하구나 건이여, 강건하고 중정하고 순수함이 정미하고大哉라 乾乎여 剛健中正純粹ㅣ 精也오"에 근거한 것이다.

　남방과 북방에 대해 「중지곤괘」에서는 "서남은 벗을 얻고, 동북은 벗을 잃으니西南得朋이오 東北喪朋이니"라 하여, 서남西南과 동북東北으로 나누고, "서남이 벗을 얻음은 이에 무리와 더불어 행하는 것이고, 동북이 벗을 잃으나 이에 마침내 경사가 있을 것이니, 편안하고 곧음의 길함이 땅에 감응하여 경계가 없는 것이다.西南得朋은 乃與類行이오 東北喪朋이나 乃終有慶하리니 安貞之吉이 應地无疆이니라."라고 하여, 서남과 동북에 주어진 천명天命이 다름을 밝히고 있다.

　마지막에 군자의 강함에 대하여 논하고 있는데, 군자는 인예의지仁禮義知 사덕四德을 행하는 사람이기 때문에 여기서도 네 문장으로 설명하고 있다. 첫째는 화합하지만 흐르지 않는[和而不流] 것은 '만물을 이롭게 함은 족히 의에 화합하고'로 의義에 해당되고, 둘째는 중을 세워서 치우치지 않음은[中立而不倚] '아름다운 모임의 예에 합하고'로 예禮

에 해당되고, 셋째는 나라에 도가 있음에 경계를 변하지 않음은[國有道 不變塞] 사랑을 실천하는 것으로 색塞의 토土가 있어서 인仁에 해당되고, 넷째는 나라에 도가 없음에 죽음이 이르러도 변하지 않음은[國無道 至死不變] 지至의 치지致知로 지智에 해당되어, 사덕으로 설명된다.

군자의 네 가지 강함을 사상철학에서는 사상인의 인격적 행동으로 이해할 수 있다.

동무는 『격치고』 제3권 「독행편獨行篇」에서 인예의지仁禮義知를 직접 사상인의 인격자를 나누어, 태양인은 예자禮者·소음인은 의자義者·태음인은 인자仁者·소양인은 지자智者로 밝히고 있다.

따라서 화합하지만 방탕하게 흐르지 않음은 의자義者인 소음인의 인격적 행동이고, 예를 세워서 치우치지 않음은 예자禮者인 태양인의 인격적 행동이고, 도가 있음에 경계를 변하지 않음은 인자仁者인 태음인의 인격적 행동이고, 도가 없음에 죽음이 이르러도 변하지 않음은 지자智者인 소양인의 인격적 행동이다. 위의 내용을 그림으로 그리면 다음과 같다.

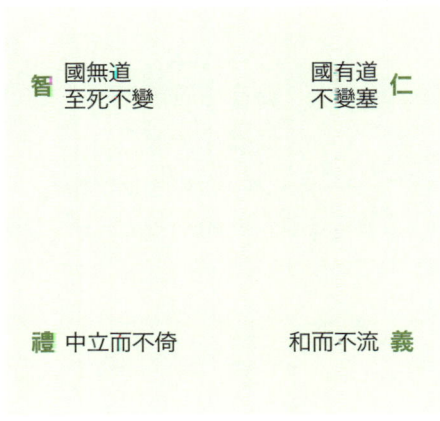

한편 『대종경』에서는 강자와 약자에 대하여, "대종사 말씀하시기를 [나는 항상 강자로서 강자 노릇할 줄 모르는 사람들을 애석히 여기노니, 자신이 이미 강자일진대 늘 저 약자를 도와주고 인도하여 그로 하여금 자기 같은 강자가 되도록 북돋아 주어야 그 강이 영원한 강이 될 것이며, 어느 때까지라도 선진자先進者요 선각자先覺者로 받들어질 것이어늘, 지금 강자들은 흔히 약자를 억압하고 속이는 것으로 유일한 수단을 삼나니 어찌 영원한 강자가 될 수 있으리오. 약자라고 항상 약자가 아니라 점점 그 정신이 열리고 원기를 회복하면 그도 또한 강자의 지위에 서게 될 것이요, 약자가 깨쳐서 강자의 지위에 서게 되면 전일에 그를 억압하고 속이던 강자의 지위는 자연 타락될 것이니, 그러므로 참으로 지각있는 사람은 항상 남이 궁할 때에 더 도와주고 약할 때에 더 보살펴 주어서 영원히 자기의 강을 보전하느니라.]"라고 하여, 변화하는 이치를 통해 강자의 역할을 밝히고 있다.

▷ 제10장의 강強과 유柔는 「잡괘雜卦」의 건강곤유乾剛坤柔로 풀다.

『중용』의 한자 읽기

柔 부드러울 유 = 矛 + 木 : 나무에 싹이 나다.
强 굳셀 강 = 弓 + 口 + 虫 : 하늘의 강함이다.
厭 싫을 염 = 厂 + 日 + 月 + 犬 : 일월을 덮으니 싫다.
矯 바로잡을 교 = 矢 + 喬 : 성인이 바로 잡다.

제11장 괴이한 것을 구하지 않는다

子ㅣ 曰素隱行怪를 後世에 有述焉하나니 吾弗爲之矣로라.
君子ㅣ 遵道而行하다가 半途而廢하나니 吾弗能已矣로라.
君子ㅣ 依乎中庸하야 遯世不見知而不悔하나니 唯聖者아 能之니라.

공자께서 말씀하시기를 숨은 것을 찾고 괴이한 것을 행하는 것을 후세에 서술함이 있으니, 나는 절대로 이것을 하지 않는 것이다.
군자가 도를 따라 행하다가 중도中途에서 하지 않으니, 나는 절대로 그치지 않는 것이다.
군자가 중용에 의거하여 세상을 피해서 알아줌을 받지 못해도 후회하지 않으니, 오직 성인이어야 능하다.

역해

제11장은 군자의 학문 방법을 밝힌 것이다. 첫 번째 문장은 학문의 경계를 밝힌 것이고, 두 번째 문장은 도학을 함

에 지극 정성을 다해야 한다는 것이고, 세 번째 문장은 군자의 지향은 성인지도聖人之道임을 밝히고 있다.

먼저 군자가 학문을 함에 있어서 '숨은 것을 찾고 괴이한 것을 행하는 것'은 사람의 호기심은 끌 수 있고, 현혹시켜서 유명해질 수는 있지만, 반사회적이고 비일상적이기 때문에 사회적 문제를 일으키게 된다. 주희朱熹는 은벽하고 괴이한 것을 전국시대 추연의 오덕五德의 종시설과 후한後漢의 참위의 책 같은 것이라 하였다.朱子曰深求隱僻如戰國鄒衍推五德之事, 後漢讖緯之書便是.

『논어』에서는 "공자께서 말씀하기를 괴이한 힘과 어지러운 신은 말하지 않으시다.子ㅣ 不語怪力亂神이러시다."라 하고, 『중용』에서는 "공자께서는 요순의 도를 조종으로 서술하시고 문왕과 무왕을 법으로 빛내시며, 위로는 천시를 법 받으시고 아래로는 수토를 계승하신 것이다.仲尼는 祖述堯舜하시고 憲章文武하시며 上律天時하시고 下襲水土하시니라."라고 하여, 선성인지도先聖人之道를 드러내었다고 하였다.

『대종경』에서도 "대종사 말씀하시기를 [정법正法 회상에서 신통을 귀하게 알지 않는 것은 신통이 세상을 제도하는 데에 실다운 이익이 없을 뿐 아니라, 도리어 폐해가 되는 까닭이니, 어찌하여 그런가 하면 신통을 원하는 사람은 대개 세속을 피하여 산중에 들며 인도를 떠나 허무에 집착하여 주문이나 진언眞言 등으로 일생을 보내는 것이 예사이니, 만일 온 세상이 다 이것을 숭상한다면 사·농·공·상이 무너질 것이요, 인륜강기人倫綱紀가 묵어질 것이며, 또는 그들이 도덕의 근원을 알지 못하고, 차서없는 생각과 옳지 못한 욕심으로 남다른 재주를 바라고 있으니, 한 때 허령으로 혹 무슨 이적異蹟이 나타난다면 그것을 악용하여 세상을 속이고 사람을 해롭게 할 것이라. 그러므로 성인이 말씀하시기를 '신통은 말변天邊의 일이라' 하였고, '도덕의 근거가 없이 나타나는 신통은 자못 일종의 마술魔術이라'고 하였나니라. 그러나 사람이 정도正道를 잘 수행하여 욕심이 담박하고 행실이 깨끗하면 자성의 광명을 따라 혹 불가사의不可思議한 자취가 나타나는 수도 있으나 이것은 구하지 아니하되 자연히 얻어지는 것이라, 어찌 삿된 생각을 가진 중생의 견지로 이를 추측할 수 있으리요.]"라고 하여, 도학을 공부하는 길에서 신통이나 이적을 경계해야 함을 밝히고 있다.

다음으로 '도를 따르다가 중도에 그만두지 않음'에서 폐할 폐廢는 집 엄广과 쏠 발發로, 드러나는 작용이 가려진 것이고, 「계사하」에서는 "이러한 까닭으로 그 말씀이 위태롭고 위태로운 사람은 평안하게 하고 쉽다고 하는 사람은 기울이니, 그 도가 심히 위대하여 백가지 물건을 폐하지 않으나 종시를 두려워함은 그 요체가 허물없는 것이니是故로 其辭ㅣ 危하야 危者를 使平하고 易者를 使傾하니 其道ㅣ 甚大하야 百物을 不廢하나 懼以終始는 其要ㅣ 无咎리니"라고 하여, 진리는 그대로 폐할 수 없기 때문에 마침 즉 시작이 있는 종시終始를 두려워하면서 쉼 없이 살아가야 한다고 하였다.

마지막으로 '세상을 피해서 알아줌을 받지 못해도 후회하지 않으니'를 「중천건괘」에서는 "초구에서 말하기를 잠긴 용이니 쓰지 말라고 한 것은 무슨 말인가? 공자께서 답씀하기를 용의 덕은 숨은 것이니 세상에 바꾸지 않고 명예를 이루지 않아서 세상을 피해서 근심하지 않으며, 옳음을 보지 못해도 근심이 없어서 즐거우면 행하고 근심하면 어겨도 확고해서 뽑을 수가 없는 것이 잠긴 용인 것이다. 初九曰 潛龍勿用은 何謂也오 子ㅣ曰龍德而隱者也니 不易乎世하며 不成乎名하야 遯世 无悶하며 不見是而无悶하야 樂則行之하고 憂則違之하야 確乎其不可拔이 潛龍 也니라"라고 하여, 같은 내용임을 알 수 있다.

초구는 용이 물 속에 잠겨 있기 때문에 쓰지 않는 것으로, 이때를 알아서 세상을 피해 있지만 근심하지 않고 정도正道를 보지 못해도 근심하지 않는 것이다.

또 「택풍대과괘」에서는 "상에서 말하기를 연못이 나무를 멸함이 대과괘이니 군자가 이로써 홀로 서서 두려워하지 않으며 세상을 피해서 근심하지 않는 것이다. 象曰澤滅木이 大過니 君子ㅣ以하야 獨立不懼하며 遯世无悶하나니라."라고 하여, 성인지도에 뜻을 두고 살아가니 세상의 일에 근심하지 않는다고 하였다.

위 문장에서 핵심인 달아날 돈遯은 64괘 가운에 33번째 괘인 「천산돈괘天山遯卦」의 괘 이름이다. 괘사卦辭에서는 "돈은 형통이 적은 곧음이 이로운 것이다. 遯은 亨이니 小利貞하니라."라 하고, 대상사에서는 "상에서 말하기를 하늘 아래에 산이 있음이 돈괘이니 군자가 이로써 소인을 멀리하되 미워하지 않고 엄하게 하는 것이다. 象曰天下有山이 遯이니 君子ㅣ以하야 遠小人하대 不惡而嚴하나니라."라고 하여, 돈괘는 군자가 아직 세상에 나아가지 않고 숨어서 학문하는 때로, 소인지도를 멀리하되 미워하지 않고 엄히 하는 것이 필요한 것이라 하였다.

또 돈괘에서는 '꼬리를 감추는 것은 위태롭다고 하고遯尾라 厲하니', '숨은 것을 좋아함은 군자가 길하고 소인은 비색되고好遯이니 君子는 吉코 小人은 否하니라', '숨은 것을 아름답게 함은 곧아야 길하고嘉遯이니 貞이라 吉하니라」라고 하였다.

▷ 제11장 돈遯은 「천산돈괘天山遯卦」의 원리로 풀다.

『중용』의 한자 읽기

遯 달아날 돈(둔) = 辶 + 月 + 豕 : 하늘로 숨다.
廢 폐할 폐 = 广 + 發 : 작용을 덮다.
索 찾을 색 = 一 + 宀 + 糸 : 가려진 뜻을 찾다.
怪 기이할 괴 = 忄 + 又 + 土 : 손으로 땅을 덮다.

제12장 夫婦 부부의 사랑이 출발이다

君子之道는 費而隱이니라 夫婦之愚로도 可以與知焉이로대 及其至也하야는 雖聖人이라도 亦有所不知焉하며 夫婦之不肖로도 可以能行焉이로대 及其至也하야는 雖聖人이라도 亦有所不能焉하며 天地之大也애도 人猶有所憾이니 故로 君子ㅣ 語大인댄 天下ㅣ 莫能載焉이오 語小인댄 天下ㅣ 莫能破焉이니라. 詩云鳶飛戾天이어늘 魚躍于淵이라 하니 言其上下察也니라. 君子之道는 造端乎夫婦니 及其至也하야는 察乎天地니라.

군자의 도는 쓰고 숨는 것이다. 부부의 어리석음으로도 참여하여 알 수 있으되 그 지극함에 미쳐서는 비록 성인이라도 또한 알지 못하는 것이 있으며, 부부의 어리석음으로 능히 행할 수 있으되 그 지극함에 미쳐서는 비록 성인이라도 또한 능히 행하지 못하는 것이 있으며, 천지의 큼에도 사람이 오히려 서운한 바가 있으니, 그러므로 군자가 큼을 말할진댄 천하가 능히 싣지 못하고, 작은 것을 말할진댄 천하가 능히 깨뜨리지 못하는 것이다.
『시경』에서 말하기를 솔개는 날아 하늘에 이르거늘 물그기는 연못에서 뛰는 것이라 하니, 그 상하가 드러나는 것을 말하는 것이다.
군자의 도는 부부에서 실마리가 지어지니, 그 지극한 것에 미쳐서는 천지에 밝게 드러나는 것이다.

역해

　군자의 도는 체용體用의 이치이기 때문에 그것이 드러날 때는 부부의 어리석음으로도 능히 알고 실천할 수 있지만, 그 지극함에 미쳐서는 성인도 알지 못하고 행하지 못하는 것이다.

　체용體用의 이치를 「계사하」 제6장에서는 "대저 역도는 감을 드러내고 옴을 살펴서 나타난 것은 작게 하고 그윽한 것을 열며, 열어서 이름에 마땅하게 하여 만물을 변별하며, 말씀을 바르게 하여 말씀을 결단하니, 곧 갖추어진 것이다. 그 이름을 일컬음이 작으나 그 무리를 모음이 크며, 그 요지가 멀고 그 말씀이 문채가 있으며, 그 말씀이 곡진하고 적중하며, 그 일이 베풀어지되 은디하니 둘로 인하여 백성들의 행동을 구제하고, 잃고 얻음의 과보를 밝히는 것이다. 夫易은 彰往而察來하여 而微顯闡幽하며 開而當名하여 辨物하며 正言하여 斷辭하니 則備矣라. 其稱名也 小하나 其取類也 大하며 其旨ㅣ 遠하며 其辭ㅣ 文하며 其言이 曲而中하며 其事ㅣ 肆而隱하니 因貳하야 以濟民行하야 以明失得之報니라."라고 하여, 왕래往來와 현유顯幽 그리고 사은肆隱, 이貳를 통해 진리의 체용 구조를 논하고 있다.

부부夫婦의 사랑이 출발이다 / 69

특히 베풀 사肆와 숨을 은隱은 위의 쓸 비費와 은隱과 동일한 말씀으로 통하고 있다. 비費는 불弗과 패貝 = 目 + 八로, 아님을 쓴다는 의미로 사람이 계율을 지키면서 살아간다는 뜻이고, 은隱은 부阝와 조爫 그리고 공工, 계ㅋ, 심心으로, 마음 속에 하늘의 작용을 숨겨주는 것이다. 여기서 은隱은 앞장의 색은索隱의 은과는 다른 입장으로 부정적인 부분과 긍정적인 부분으로 나누어지는 이중적 구조이다.

지至는 앞에서도 나왔지만, 「중지곤괘」의 '지극하구나至哉'와 『대학』의 '지어지선止於至善'의 의미를 담고 있는 지극한 경지를 의미한다.

『주역』「서괘하序卦下」에서는 "천지가 있은 연후에 만물이 있고, 만물이 있은 연후에 남녀가 있고, 남녀가 있은 연후에 부부가 있고, 부부가 있은 연후에 부자가 있고, 부자가 있은 연후에 군신이 있고, 군신이 있은 연후에 상하가 있고, 상하가 있은 연후에 예의를 두는 것이 있는 것이다.有天地然後애 有萬物하고 有萬物然後에 有男女하고 有男女然後애 有夫婦하고 有夫婦然後에 有父子하고 有父子然後에 有君臣하고 有君臣然後애 有上下하고 有上下然後애 禮義有所錯이니라."라고 하여, 부부夫婦는 남녀가 있은 이후의 인격적 관계의 출발로 밝히고 있다.

이어서 「서괘하」에서는 "(함괘) 부부의 도는 오래하지 않으면 안 되는 것이라 그러므로 항괘로 받고夫婦之道ㅣ 不可以不久也라 故로 受之以恒하고"라고 하여, 『주역』 하경 첫 번째 괘인 「택산함괘澤山咸卦」를 부부의 도로 논하고 있다.

「택산함괘」에서는 "단에서 말하기를 함은 감응이니 유가 위에 있고 강이 아래에 있어 두 기운이 감응하여 서로 함께하고 그치고 기뻐하여 남자가 여자 아래에 있는 것이라. 이로써 형통하고 정도가 이로우니 여자를 취하는 것이 길한 것이라. 천지가 감응하여 만물이 감화하여 나오고, 성인이 인심에 감응하여 천하가 화평하나니, 그 감응하는 것을 보아 천지와 만물의 뜻을 가히 볼 수 있는 것이다. 象曰咸은 感也니 柔上而剛下하야 二氣感應以相與하고 止而說하야 男下女라 是以亨利貞取女吉也니라 天地ㅣ 感而萬物이 化生하고 聖人이 感人心而天下ㅣ 和平하나니 觀其所感而天地萬物之情을 可見矣리라."라고 하여, 하늘과 땅이 감응하고, 성인과 백성이 감응하고, 남자와 여자가 감응하여 부부가 됨을 밝히고 있다. 즉, 부부는 남편과 아내의 의미도 있지만, 성인과 군자, 하늘과 땅의 뜻을 대표하는 상징적인 뜻을 가지고 있다.

대상사에서는 "상에서 말하기를 산 위에 견못이 있음이 함괘이니 군자가 이로써 비워서 사람을 받아들이는 것이다. 象曰山上有澤이 咸이니 君子ㅣ 以하야 虛로 受人하나니라."라고 하여 자신의 욕심을 비워야 성인지도가 들어오고, 자신을 비워야 다른 사람이 들어오는 것이 부부지도夫婦之道임을 밝히고 있다.

부부가 살아가는 인격적 세계가 가정이고 그 가정을 이끌어가는 사람이 아내인 가인家人이다. 「풍화가인괘風火家人卦」에서는 "가인은 여자의 곧음이 이로우니라. 단에서 말하기를 가인은 여자가 안에서 정위하고, 남자가 밖에서 정위하니, 남녀가 바른 것이 천지의 위대한 뜻이기 때문이다. 가인에 엄한 임금이 있으니 부모를 이른 것이다. 아버지는 아버지답고 자식은 자식답고 형은 형답고 아우는 아우답고 남편은 남편답고 아내는 아내다우면 가정의 도리가 바를 것이니 가정이 바르면 천하가 안정된 것이다. 家人은 利女貞이니라. 彖曰家人은 女正位乎內하고 男正位乎外하니 男女正이 天地之大義也일새니라. 家人에 有嚴君

焉하니 父母之謂也니라. 父父子子兄兄弟弟夫夫婦婦而家道ㅣ 正하리니 正家而天下ㅣ 定矣니라."라고 하여, 가정의 도리를 밝히고 있다.

서운할 감憾은 심忄과 느낄 감感으로, 마음이 느끼는 서운함이고, 실을 재載는 십十과 과戈 그리고 거車로, 수레에 하늘의 뜻을 실어서 사용하는 것이고, 깨뜨릴 파破는 석石과 가죽 피皮로, 돌을 잘게 부수어 가죽에 담는 의미이다.

다음으로 상하上下는 형이상形而上과 형이하形而下로 「계사상」에서는 "이러한 까닭으로 형이상의 것을 도라 이르고, 형이하의 것을 기器라 하고是故로 形而上者를 謂之道오 形而下者를 謂之器오"라고 하여, 도道와 기器로 밝히고 있다. 도는 드러나지 않은 은隱으로 본체이고, 기는 드러난 비費로 작용인 것이다.

솔개가 날아 하늘에 이르는 것은 형이상形而上의 세계가 드러나는 것이고, 물고기가 연못에서 뛰는 것은 형이하의 세계를 노래한 것이다. 솔개와 물고기가 자신의 일을 올바로 하는 아름다운 세상은 바로 형이상과 형이하가 올바로 자리하는 것이라 하겠고, 학문에 있어서는 형이상과 형이하에 치우치지 않고 중도를 지키는 것이다.

첫 번째 군자지도君子之道는 도의 체용적 구조를 논한 것이라면, 마지막 문장의 군자지도는 도의 내용인 사덕四德을 논한 것으로, 실마리 단端은 『맹자』의 사단四端을 의미하고 있다. 부부에서 군자지도의 실마리가 지어진다는 것은 바로 인격적 세계가 부부로부터 시작됨을 말하는 것이다. 부부에서 시작되어 그 지극한 것에 미쳐서는 대상세계인 천지天地에서 드러나게 되는 것이다. 천지天地는 하늘과 땅으로 다른 사람과의 관계뿐만 아니라 나를 둘러싼 물리적 세계 전체를 가리키는 것이다. 천지天地를 세분하면 하늘은 은隱의 세계로 형이상의 세계를 의미한다면, 땅은 비費의 세계로 형이하의 세계를 의미한다.

한편 사상철학에서 우愚와 불초不肖는 앞에서 이야기한 것과 같이 사람의 몸인 함억제복頷臆臍腹과 두견요둔頭肩腰臀에 있는 어리석음으로 인용하였고, 지知와 행行은 「성명론」에서 "눈·코·귀·입은 하늘을 보는 것이고, 폐·비·간·신은 성인을 세우는 것이다. 턱·가슴·배꼽·배는 그 지知를 행하는 것이고, 머리·어깨·허리·엉덩이는 그 행行을 행하는 것이다. 耳目鼻口는 觀於天也오 肺脾肝腎은 立於人也오 頷臆臍腹은 行其知也오 頭肩腰臀은 行其行也니라."라고 하여. 천인성명天人性命의 사상적 구조에서 함억제복은 지知를 행하는 것이고, 두견요둔은 행行을 행하는 것이라 하였다.

▷ 제12장의 부부夫婦는 「택산함괘」의 부부지도夫婦之道로 풀다.

『중용』의 한자 읽기

隱숨길 은 = 阝 + 爫 + 工 + 크 + 心 : 마음속으로 숨다.
憾서운할 감 = 忄 + 咸 + 心 : 마음이 모두 느끼다.
載실을 재 = 十 + 車 + 戈 : 수레에 하늘을 싣다.
破깨뜨릴 파 = 石 + 皮 : 돌을 잘게 부수다.

제13장 자기를 다스리면 그친다

子ㅣ 曰道不遠人하니 人之爲道而遠人이면 不可以爲道니라.
詩云伐柯伐柯여 其則不遠이라 하니 執柯以伐柯호대 睨而視之하고 猶以爲遠하나니 故로 君子는 以人治人하다가 改而止니라.
忠恕ㅣ 違道不遠하니 施諸己而不願을 亦勿施於人이니라.
君子之道ㅣ 四에 丘未能一焉이로니 所求乎子로 以事父를 未能也하며 所求乎臣으로 以事君을 未能也하며 所求乎弟로 以事兄을 未能也하며 所求乎朋友로 先施之를 未能也로니 庸德之行하며 庸言之謹하야 有所不足이어든 不敢不勉하며 有餘어든 不敢盡하야 言顧行하며 行顧言이니 君子ㅣ 胡不慥慥爾리오.

공자께서 말씀하시기를 도는 사람에서 멀지 않으니, 사람이 도를 함에 사람에서 멀면 도가 될 수 없는 것이다.

『시경』에서 말하기를 '도끼자루를 베고 도끼자루를 베는 것이여! 그 법칙이 멀지 않는 것이라'하니, 도끼자루를 잡고 도끼자루를 베면서도 흘겨서 보고 오히려 멀다고 하니, 그러므로 군자는 사람으로서 사람을 다스리다가 고치면 그치는 것이다.

충과 서는 도와의 거리가 멀지 않으니, 자기에게 베풀고 원하지 않는 것을 또한 다른 사람에게 베풀지 않는 것이다.

군자의 도가 네 가지인데 나는 그 중에 한 가지도 능하지 못하니, 자식에게 구하는 것으로 부모를 섬김에 능하지 못하며, 신하에게 구하는 것으로 임금을 섬김에 능하지 못하며, 아우에게 구하는 것으로 형을 섬김에 능하지 못하며, 친구에게 구하는 것으로 먼저 베풀기를 능하지 못하니, 떳떳한 덕을 행하며 떳떳한 말씀을 삼가여 부족한 것이 있거든 감히 힘쓰지 않음이 없으며, 여유가 있거든 감히 다하지 않아서 말은 행동을 돌아보며, 행동은 말을 돌아보니, 군자가 어찌 독실하지 않겠는가?

역해

제1장에서 "도라는 것은 잠시도 떨어질 수 없는 것이니 떨어지면 도가 아니다."라고 하였다. 사람과 멀어지는 것은 '은벽한 것을 찾고 괴이한 것을 행하는 것으로' 진리가 될 수 없는 것이다.

도끼자루 가柯는 목木과 옳을 가可로, 목도木道와 합한다는 뜻이기 때문에 나무로 만든 도끼자루로 신도神道를 베는 것이 합하는 것이다. 고칠 개改는 기己와 복攵으로, 자기의 잘못을 다스려 고치는 것이고, 지止는 땅에서 하늘의 작용이 그치는 것이다.

군자는 사람의 도리로써 사람을 다스리고, 잘못을 고치면 그치는 것이다. 지止는 「서괘」에서 "간괘는 그침이니艮者는 止也니"라고 하여, 「중산간괘重山艮卦」에서 논하고 있다. 간괘 단사彖辭에서는 "단에서 말하기를 간괘는 그침이니 때가 그치면 그치고 때가 행하면 행하여, 움직이고 고요함에 그 때를 잃지 않음이 그 도가 광명이니, 그 그침에 그치는 것을 그 곳에서 그치기 때문이다.彖曰艮은 止也니 時止則止하고 時行則行하야 動靜不失其時ㅣ 其道ㅣ 光明이니 艮其止는 止其所也일새라."라고 하여, 지止의 의미를 중심으로 군자지도를 논하고 있다.

다음 충忠과 서恕는 유학의 학문적 주제에 중요한 부분이다. 충忠은 중中 = 口 + ㅣ과 심心으로 가운데 마음인 중심中心이고, 또 자신을 꿰뚫은 마음이며, 서恕는 여如 = 女 + 口와 심心으로 같은 마음이고, 또 십일十一 = 女의 진리를 말하는口 마음은 누구나 같은 것이라는 뜻으로 풀이된다.

「중천건괘」에서는 "공자께서 말씀하시기를 군자가 덕에 나아가고 사업을 닦으니, 충과 믿음이 덕에 나아가는 이치이고, 말씀을 닦아 그 정성을 세움이 사업에 거처하는 원리이다.子ㅣ 曰君子ㅣ 進德修業하나니 忠信이 所以進德也오 修辭立其誠이 所以居業也라"라고 하여, 충은 덕에 나아가는 것으로 자신의 마음 가운데서 진심으로 행하는 것이라 하였다.

또 『논어』에서는 "공자께서 말씀하시기를 삼參아 나의 도는 하나로써 관통하는 것이다. 증자가 말하기를 그렇습니다. 공자께서 나가시거늘 문인이 물어서 말하기를 무엇을 말씀한 것입니까? 증자가 말하기를 선생님의 도는 충과 서뿐인 것이다.子ㅣ 曰參乎아 吾道는 一以貫之니라 曾子ㅣ 曰唯ㅣ라 子ㅣ 出커시늘 門人이 問曰何謂也ㅣ잇고 曾子ㅣ 曰夫子之道는 忠恕而已矣니라."라고 하여, 공자의 도를 충과 서로 밝히고 있다.

서恕에 대하여, "자공이 물어서 말하기를 한 마디 말씀이 있어서 종신토록 행하는 것이 있습니까? 공자께서 말씀하시기를 그것은 서恕이구나! 자기가 하고자 하지 않는 것을 다른 사람에게 베풀지 않는 것이다. 子貢이 問ᄒᆞ디有一言而可以終身行之者乎ㅣ잇가 子ㅣ ᄀᆞᆯᄋᆞ샤ᄃᆡ其恕乎인뎌 己所不欲을 勿施於人이니라."라고 하여, 자기가 원치 않는 것을 다른 사람에게 하지 않는 것이라 하였다.

즉, 우리는 사람을 만날 때 저 사람이 이렇게 대해주기를 바라지만, 내가 상대방을 대할 때는 이기적인 태도로 대하게 되고, 서로에게 상처를 주는 불신하는 관계가 되고, 나아가 적대시하는 경우도 있다. 내가 저 사람에게 바라는 것처럼 내가 그 사람을 대하도록 노력하는 것이 덕德을 기르는 것이고, 성숙한 관계를 만들고, 서로를 성공시키는 행복한 삶이라 하겠다.

군자의 도가 네 가지인 것은 사덕四德을 실천하는 존재가 군자이기 때문이다. 따라서 다음의 네 문장은 인의예지仁義禮智에 배합되고, 특히 사람이 살아가는 다섯 가지 길인 오륜五倫을 통해서 이해할 수 있다.

부자父子는 부자유친父子有親으로 근원적인 사랑이니 인仁에, 군신君臣은 군신유의君臣有義이니 의義에, 형제兄弟는 장유유서長幼有序의 질서이니 예禮에, 붕우朋友는 붕우유신朋友有信이니 신信에 배합된다고 하겠다. 여기서 지智가 빠짐을 알 수 있다. 지智는 앞 장에서 논한 부부지도夫婦之道로 부부유별夫婦有別에 배합된다고 하겠다. 사덕四德에서 지智는 단순한 지혜智惠나 지식智識이 아니라 신명성神明性의 의미를 가지고 있는 가장 근원적인 덕으로 본체本體라고도 할 수 있기 때문에 신信과 서로 상통하여 사용할 수 있다.

군자의 도와 사덕四德 그리고 오륜五倫은 유학의 근본적 문제로 『중용』에서도 여러 번 언급되고 있으며, 특히 제20장에서는 구체적으로 다시 밝히고 있다.

이것을 그림으로 그리면 다음과 같다.

위 그림을 바탕으로 사상철학에서 논하는 사상인의 마음과 오륜五倫을 연계시켜 보면, 태양인은 예자禮者로 장유유서長幼有序의 질서를 잘 지키고, 태음인은 인자仁者로 부자유친父子有親의 관계를 올바로 하고, 소양인은 지자智者로 부부유별夫婦有別의 분별을 잘하고, 소음인은 의자義者로 군신유의君臣有義의 정의를 잘 실천하는 것이다.

반대로 태양인이 심욕心慾에 빠지면 어른과 아이의 질서를 무시하고 방종하는 비인鄙人이 되고, 태음인이 욕심으로 살아가면 부모도

못 알아보는 폐륜의 탐인貪人이 되고, 소양인이 욕망을 쫓아가면 남편과 아내의 분별을 어지럽히는 박인薄人이 되고, 소음인이 심욕에 빠지면 사회적 정의를 무시하고 개인의 이익만 챙기는 나인懦人으로 떨어지게 된다.

다음으로 떳떳한 덕과 떳떳한 말씀은 앞에서 인용한 「중천건괘」 문언文言의 '떳떳한 말씀을 믿으며 떳떳한 행동을 삼가여 삿됨을 막고 그 정성을 보존하며 세상을 선하게 하지만 자랑하지 않으며 덕을 널리 감화시키니'와 동일한 문장이다.

또한 군자의 언행言行을 「계사상」 제8장에서 "공자께서 말씀하시기를 군자가 그 집에서 거처하여 그 말을 함에 선이면 천리의 밖에서 응하게 되니 하물며 가까이 있는 사람에 있어서겠는가? 그 집에 거처하여 말을 함에 불선하면 천리의 밖에서 어기게 되나니 하물며 가까이 있는 사람이겠는가? 말씀이 자신에서 나와서 백성에게 더해지며 행동이 너에게 일어나서 멀리에서 나타나는 것이니, 말씀과 행동은 군자의 중요한 기틀이 되는 것이니 추기의 일어남이 명예와 모욕의 주인이라 말씀과 행동은 군자가 천지를 움직이는 원리이니 삼가지 않겠는가?子曰君子ㅣ居其室하야 出其言애 善이면 則千里之外ㅣ應之하나니 況其邇者乎여 居其室하야 出其言애 不善이면 則千里之外ㅣ違之하나니 況其邇者乎여 言出乎身하야 加乎民하며 行發乎邇하야 見乎遠하나니 言行은 君子之樞機니 樞機之發이 榮辱之主也라 言行은 君子之所以動天地也니 可不愼乎아"라고 하여, 군자의 언행言行이 중요함을 거듭거듭 강조하고 있다.

▷ 제13장의 개이지改而止는 「중산간괘重山艮卦」 단사의 시지즉지時止則止로 풀다.

『중용』의 한자 읽기

遠 멀 원 = 辶 + 土 + 口 + 小 : 땅에서 멀리 가고 멈추다.
柯 자루 가 = 木 + 可 : 나무가 합하다.
改 고칠 개 = 己 + 攵 : 자기 잘못을 고치다.
恕 용서할 서 = 如 + 心 : 같은 마음이다.

제14장 자기 本性본성으로 돌아가다

君子군자는 素其位而行소기위이행이오 不願乎其外불원호기외니라.
素富貴소부귀하얀 行乎富貴행호부귀하며 素貧賤소빈천하얀 行乎貧賤행호빈천하며 素夷狄소이적하얀 行乎夷狄행호이적하며 素患難소환난하얀 行乎患難행호환난이니 君子군자는 無入而不自得焉무입이부자득언이니라.
在上位재상위하야 不陵下불릉하하며 在下位재하위하야 不援上불원상이오 正己而不求於人정기이불구어인이면 則無怨즉무원이니 上不怨天상불원천하며 下不尤人하불우인이니라.
故고로 君子군자는 居易以俟命거이이사명하고 小人소인은 行險以徼幸행험이요행이니라.
子자ㅣ 曰射왈사ㅣ 有似乎君子유사호군자하니 失諸正鵠실저정곡이오 反求諸其身반구저기신이니라.

군자는 그 자리에 바탕하여 행동하고 그 밖의 것을 원하지 않는다.
부귀에 처해서는 부귀에서 행하며, 빈천에 처해서는 빈천에서 행하며, 오랑캐에 처해서는 오랑캐에서 행하며, 어려움에 처해서는 어려움에서 행하니, 군자는 들어가는 곳마다 자득하지 않음이 없는 것이다.
윗자리에 있어서 아래를 능멸하지 않으며, 아랫자리에

있어서 위에 애원하지 않고, 자기를 바르게 하고 사람에서 구하지 않으면 원망이 없으니, 위로는 하늘을 원망하지 않고 아래로는 사람을 원망하지 않는다.
그러므로 군자는 이간함에 거처하여 천명을 기다리고, 소인은 험난을 행하여 요행을 바란다.
공자께서 말씀하시기를 활쏘기는 군자와 같음이 있으니, 정곡을 잃으면 돌이켜 그 자신에게서 구한다.

역해

제14장은 군자의 행동에 대하여 구체적으로 논하고 있다. 군자는 그 자리에 바탕하여 행함을 「중산간괘」에서는 "상에서 말하기를 산을 겸함이 간괘이니 군자가 이로써 생각이 그 자리를 나가지 않는 것이다.象曰兼山이 艮이니 君子ㅣ 以하야 思不出其位하나니라."라고 하여, 간군자艮君子의 이치를 밝히고 있다.

위位는 인亻과 립立으로, 사람이 입지立志를 한다는 의미를 가지고 있고, 그 자리[其位]는 두 가지 입장에서 이해할 수 있다. 하나는 하늘이 정해준 자리이고, 다른 하나는 군자가 바른 자리를 실천하는 것이다.

먼저, 하늘이 정한 자리에 대하여 「중천건괘」에서는 "종시의 원리를 크게 밝히면 여섯 자리가 때로 이루어지나니大明終始하면 六位時成하나니"라 하고, 「계사상」에서는 "천지가 자리를 베풀거든 역도가 그 가운데에서 행해지니 본성을 이루고 보존하고 보존하는 것이 도와 의의 문이다.天地ㅣ 設位어든 而易이 行乎其中矣니 成性存存이 道義之門이라."라고 하고, 「계사하」에서는 "천지가 자리를 베풂에 성인이 능함을 이루니天地設位에 聖人이 成能하니"라 하고, 「설괘」에서는 "역도가 여섯 자리에서 빛남을 이룬다易이 六位而成章하나리.", "천지가 자리를 정하며 天地ㅣ定位하며"라고 하여, 하늘이 정해주는 자리에 따라야 함을 논하고 있다.

다음으로 군자의 자리에 대해서 「중지곤괘」에서는 "군자가 본성에 적중하고 이치에 통하여 자리를 바르게 하고 본체에 거처하여, 아름다움이 그 가운데에 있고 사지에서 펼쳐지며, 사업에서 일어나니 아름다움의 지극한 것이다.君子ㅣ 黃中通理하야 正位居體하야 美在其中而暢於四支하며 發於事業하나니 美之至也니라."라 하고, 「계사상」에서는 "덕은 성대함을 말하고 예는 공손함을 말하니, 겸손이라는 것은 지극히 공손하여 그 자리를 보존하는 것이다.德言盛이오 禮言恭이니 謙也者는 致恭하야 以存其位者也라."라 하여, 자기의 본성인 사덕四德을 자득하여 실천하는 것이 아름다움의 지극한 것이고, 그 자리를 보존하는 것이라 하였다.

특히 「계사하」에서는 "천지의 위대한 덕은 낳음이고, 성인의 위대한 보물은 자리이니 무엇으로 자리를 지키는가? 인이라 하고天地之大德曰生이오 聖人之大寶曰位니 何以守位오 曰仁이오"라고 하여, 성인의 덕위德位는 바로 인仁에 있음을 밝히고 있어, 군자도 성인지도聖人之道를 실천하는 존재이기 때문에 인仁이 자기의 자리를 지키는 근본이 됨을 알 수 있다.

『논어』에서도 "공자께서 말씀하시기를 그 자리에 있지 않으면 그 정치를 도모하지 않는다.子ㅣ 曰不在其位하얀 不謀其政이니라."라고 하여, 그 자리에 맞는 행동이 필요함을 밝히고 있다.

또 첫 번째 문장에서 '그 밖의 것을 원하지 않는다'는 '안에서는 원하다'는 것으로 내외內外의 문제로 생각할 수 있다. 내內는 입入과 경冂으로, 하늘의 작용으로 들어간다는 의미이고, 외外는 석夕과 복卜으로, 하늘을 감싸고 작용한다는 뜻을 가지고 있다.

「중지곤괘」에서는 "곧음은 그 바름이고, 방정은 그 의이니 군자가 경으로써 안을 곧게 하고 의로써 밖을 방정하게 하여 경과 의가 서면 덕이 외롭지 않으니直은 其正也오 方은 其義也니 君子ㅣ 敬以直內하고 義以方外하야 敬義立而德不孤하나니"라고 하여, 군자는 안을 바르게 하고 밖을 방정하게 해야 함을 논하고 있다.

「지천태괘」와 「천지비괘」에서는 "안은 양이고 밖은 음이며, 안은 강건하고 밖은 유순하며, 안은 군자이고 밖은 소인이니, 군자의 도는 자라고 소인의 도는 사라진다.內陽而外陰하며 內健而外順하며 內君子而外小人하니 君子道ㅣ 長하고 小人道ㅣ 消也라.", "안은 음이고 밖은 양이며, 안은 부드럽고 밖은 강하며, 안은 소인이고 밖은 군자이니, 소인의 도는 자라고 군자의 도는 사라진다.內陰而外陽하며 內柔而外剛하며 內小人而外君子하니 小人道ㅣ 長하고 君子道ㅣ 消也라."라고 하여, 내외와 군자·소인의 도를 밝히고 있다. 「지화명이괘」에서는 "안은 문채가 밝고 밖은 유순하여 큰 어려움을 덮으니, 문왕이 이렇게 하였다.內文明而外柔順하야 以蒙大難이니 文王이 以之하시니라."라고 하여, 문왕의 일을 통해 내외의 이치를 밝히고 있다.

「계사하」에서는 "그 출입을 도수로 하여 밖과 안으로 하여금 두려움을 알게 하며其出入以度하야 外內에 使知懼하며"라 하여, 군자가 안과 밖에서 모두 경계하고 경계해야 함을 논하고 있다. 「잡괘雜卦」에서는 "화택규괘는 밖이고, 풍화가인괘는 안이다.睽는 外也오 家人은 內也라"

라고 하여, 64괘의 내외를 논하고 있다.

다음으로 군자가 자득自得하고 실천하는 것은 바로 자기의 본성인 인의예지仁義禮智 사덕四德이기 때문에 위의 문장도 네 단락으로 논한 것이다. 부귀富貴는 인仁, 빈천貧賤은 의義, 이협夷狹은 예禮, 환난患難은 지智에 해당된다.

부할 부富는 면宀과 일一 그리고 구口와 전田으로, 한 식구가 먹을 수 있는 밭이 있으면 부자이고, 귀貴는 중中과 일一 그리고 패貝 = 四 + 八로, 중도를 하나로 일관하여 사용하는 것이 귀한 것이다. 가난할 빈貧은 분分과 패貝로, 내 마음이 사상四象과 팔괘八卦로 작용하는 하늘과 분리된 것이 가난이고, 천賤은 패貝와 잔잔할 잔戔으로, 하늘의 작용을 잘게 하는 것이 천한 것이다.

부귀와 빈천을 현상적 입장에서는 재물이나 명예 등으로 생각할 수 있지만, 학문하는 입장에서는 "귀천을 배열하는 것은 자리에 존재하고列貴賤者는 存乎位하고"라고 하여, 사람이 가진 덕의 위에 따라 갈라지는 것이라 하고, "부가 있음을 일러 위대한 사업이라 하고富有之謂ㅣ大業이오"라 하고, "높음을 숭상함이 부구보다 큰 것이 없다.崇高ㅣ莫大乎富貴하고"라고 하여, 숭고한 자기 본성을 실천하는 것이 부자이고 귀한 존재임을 밝히고 있다.

오랑캐 이夷는 대大와 궁弓으로, 큰 활을 가진 것으로 해가 뜨는 동방 이夷의 뜻도 있고, 협狹은 견犭과 낄 협夾으로, 하늘 아래에 있는 사람이 짐승처럼 행동하는 것이고, 환患은 중中과 구口 그리고 심心으로, 중中에서 그쳐야 하는데 더 나아가는 마음이 근심이다.

한편 부귀·빈천·이협·환난을 사상철학에서 사상인의 마음 작용으로 생각해 보면, 태양인은 예禮를 버리고 제 멋대로 행동하는 오랑캐가 되는 것을 경계해야 하고, 태음인은 인仁을 버리고 물질적 부귀에 탐욕을 부리는 것을 경계해야 하고, 소양인은 지智를 버리고 일을 자기 마음대로 꾸며서 어려움을 스스로 불러들이는 것을 경계해야 하고, 소음인은 의義를 버리고 남에게 의지해서 살아가는 가난하고 천한 삶을 경계해야 한다.

다음은 윗자리와 아랫자리에 대해 「중천건괘」에서는 "이러한 연고로 윗자리에 거처하지만 교만하지 않으며, 아랫자리에 있지만 근심하지 않으니, 그러므로 건건하여 그때로 인하여 근심하면 비록 위태로우나 허물은 없을 것이다.是故로 居上位而不驕하며 在下位而不憂하나니 故로 乾乾하야 因其時而惕하면 雖危나 无咎矣리라."라고 하여, 윗자리에 있을 때는 스스로 교만하지 않도록 경계하고, 아랫자리에 있을 때는 윗자리로 올라가지 못함을 근심하지 말라고 하였다.

윗자리에 있어서 교만하면, "공자께서 말씀하시기를 귀하지만 덕위德位가 없으며 높지만 백성이 없으며, 어진 사람이 아랫자리에 있지만 돕지 않는 것이라 이로써 행동하면 후회만 있는 것이다.子ㅣ曰 貴而无位하며 高而无民하며 賢人이 在下位而无輔라 是以動而有悔也니라."라고 하였다.

또한 군자는 이간易簡에 거처하여 천명을 기다리지만, 소인은 험조險阻를 행하여 요행을 구하는 것이 군자와 다른 것이다. 이易는 일日과 물勿=月로, 바꾸다·쉽다·다스리다 등으로 사용되는데 일월日月의 변화를 통해 드러나는 진리는 쉽다는 것으로 이해하고, 험할 험險은 부阝와 다 첨僉으로, 언덕 아래에 모두 모여 살아가는 것이 험함이라 하겠다. 이易와 험險은 『주역』의 근본인 건곤지도乾坤之道와 관계된 것이다.

「계사상」에서는 "건괘는 쉬움으로써 알고, 곤괘는 간단함으로써 능하니, 쉬우면 쉽게 알고, 간단하면 쉽게 좇고, 쉽게 알면 친함이 있고 쉽게 좇으면 공이 있고, 친함이 있으면 가히 오래하고 공이 있으면 가히 크게 하고, 가히 오래함은 어진 사람의 덕이고, 가히 큼은 어진 사람의 사업이니, 이간易簡함은 천하의 이치를 얻은 것이니, 천하의 이치를 얻어서 그 가운데에서 자리가 이루어지는 것이다.乾以易知오 坤以簡能이니 易則易知오 簡則易從이오 易知則有親이오 易從則有功이오 有親則可久오 有功則可大오 可久則賢人之德이오 可大則賢人之業이니 易簡而天下之理ㅣ 得矣니 天下之理ㅣ 得而成位乎其中矣니라."라고 하여, 이易는 건괘의 공능이고, 간簡은 곤괘坤卦의 공능임을 밝히고 있다.

또「계사하」에서는 "무릇 건괘는 천하의 지극히 강건한 것이니, 덕을 행함이 항상 쉬움으로써 험함을 알고, 무릇 곤괘는 천하의 지극히 유순한 것이니, 덕을 행함이 항상 간단함으로써 막힘을 아니夫乾은 天下之至健也니 德行이 恒易以知險하고 夫坤은 天下之至順也니 德行이 恒簡以知阻하나니"라고 하여, 건곤乾坤의 공능인 이간易簡을 통해 소인지심인 험조險阻를 알게 된다고 하였다.

따라서 군자는 이간易簡한 건곤지도乾坤之道를 그대로 실천하고, 그것을 통해 소인지도小人之道인 험조險阻를 아는 존재이고, 소인은 건곤지도를 모르고 험즈險阻를 행하여 요행으로 살아가는 존재임을 알 수 있다.

쏠 사射는 신身과 촌寸으로, 나 자신이 절도에 맞게 쏜다는 것으로 군자지도君子之道를 설명할 때 많이 등장하는 한자이다. 「계사하」에서는 "공자께서 말씀하시기를 새매는 날짐승이고 활과 화살은 기구이고 쏘는 것은 사람이니, 군자가 몸에 기구를 감춰 때를 기다려 움직이면 어떠한 불리함이 있겠는가? 움직임에 묶이지 않는 것이다. 이로써 나아가서 잡는 것이니 기구를 이루고 움직이는 것을 말한다.子曰隼者는 禽也오 弓矢者는 器也오 射之者는 人也니 君子ㅣ 藏器於身하야 待時而動이면 何不利之有리오 動之不括이라 是以出而有獲하나니 語成器而動者也라."라고 하여, 군자가 하늘의 소리를 전하는 새를 잡을 때 그때를 기다려 화살을 쏘는 것이라 하였다.

『논어』에서도 "군자는 다투는 것이 없으나 반드시 쏘는 것이구나, 읍양하고 올라가고 내려와서 마시니 그 다툼이 군자이다.君子ㅣ 無所爭이나 必也射乎인뎌 揖讓而升하야 下而飮하나니 其爭也ㅣ 君子니라."·"공자께서 말씀하시기를 쏘기는 군자와 같은 것이 있으니 정곡을 잃고 돌이켜 자신에게서 구하는 것이다.子ㅣ 曰射ㅣ 有似乎君子하니 失諸正鵠이오 反求諸其身이니라."라고 하여, 자기에게서 구하는 이치를 논하고 있다.

『맹자』에서도 "인은 쏘는 것과 같으니 쏘는 것은 자기를 바르게 한 이후에 발하여, 발하고 적중하지 않아도 자기를 이긴 사람을 원망하지 않고, 돌이켜 자기에게서 구할 뿐이다.仁者는 如射하니 射者는 正己而後에 發하야 發而不中이라도 不怨勝己者오 反求諸己而已矣니라"라고 하여, 군자와 쏘기를 같은 뜻으로 논하고 있다.

자기에게 구함을 「수산건괘水山蹇卦」에서는 "상에서 말하기를 산위에 물이 있음이 건괘이니 군자가 이로써 자신으로 돌아가 덕을 닦는 것이다.象曰山上有水ㅣ 蹇이니 君子ㅣ 以하야 反身脩德하나니라."라고 하여, 어려움이 있으면 오히려 자기의 본성으로 돌아가서 닦아야 함을 밝히고 있다.

　제14장에서 우리는 사회생활에서 실천해야 할 인격적 삶을 정리할 수 있다. 1)윗자리에 있으면 아랫사람을 모욕하지 않아야 하고, 2)아랫자리에 있어도 윗사람에게 애원하지 않아야 하고, 3)자기를 바르게 하고 다른 사람에서 구하지 않아야 하고, 4)위로는 하늘을 원망하지 않고 아래로는 사람을 원망하지 않아야 한다.

▷ 제14장의 이易와 험險은 「계사상」 제1장의 건곤지도乾坤之道로 풀다.

『중용』의 한자 읽기

貴귀할 귀 = 中 + 一 + 貝 : 하늘을 하나로 하다.
富부할 부 = 宀 + 一 + 口 + 田 : 한 식구가 먹을 밭이다.
貧가난할 빈 = 分 + 貝 : 하늘의 작용과 분리되다.
賤천할 천 = 貝 + 戔 : 하늘의 작용이 잔잔하다.

제15장 가정이 천국이다 天國

君子之道는 辟如行遠必自邇하며 辟如登高必自卑니라.
詩曰妻子好合이 如鼓瑟琴하며 兄弟旣翕하야 和樂且耽이라 宜爾室家하며 樂爾妻帑라하야늘.
子ㅣ曰父母는 其順矣乎신져.

군자의 도는 비유하면 먼 곳을 가기 위해서는 반드시 가까운 데로부터 하는 것과 같으며, 비유하면 높은 곳을 오르기 위해서는 반드시 낮은 데로부터 해야 하는 것과 같다.

『시경』에서 말하기를 '아내와 자식이 서로 화합함이 금슬을 타는 것과 같으며, 형과 아우가 이미 화합하여 화락하고 또 즐겁도다. 너의 집을 마땅하게 하며 너의 아내와 자식을 즐겁게 한다' 하였는데

공자께서 말씀하시기를 부모는 그 순응할 것이구나!

역해

제15장은 군자지도君子之道의 근본이 천지부모天地父母의 뜻을 받드는 가정에

있음을 논하고 있다.

멀고 가까움에 대하여 「계사상」에서는 "무릇 역도는 넓고 큰 것이라 멀리에서 말하면 막을 수 없고, 가까이에서 말하면 조용하고 바르고, 천지의 사이에서 말하면 갖춰진 것이다.夫易이 廣矣大矣라 以言乎遠則不禦하고 以言乎邇則靜而正하고 以言乎天地之間則備矣라."라고 하여, 멀음은 현상으로 펼쳐진 대상 세계를 의미하고, 가까움은 자기 내면의 세계임을 알 수 있고, 『주역』의 진리는 넓고 커서 모든 것이 갖추어져 있다는 것이다.

또 높고 낮음에 대하여 「계사상」에서는 "하늘은 높고 땅은 낮으니 건곤이 정해지고天尊地卑하니 乾坤이 定矣오"라 하여, 천지天地와 건곤乾坤의 이치를 통해 높고 낮음의 의미를 이해할 수 있다.

가까운 데서 시작하고 낮은 데서 오르는 것은 자기 자신에서 출발하여 세상으로 확장해나가는 것이다. 자신의 왜곡된 마음과 잘못된 습관을 찾아서 진리에 맞게 고쳐나가서 인격적 인간으로 변화되고, 또 가까운 가정에서 시작하여 사회적 관계로 사랑을 베풀어가는 것이다. 『대학』의 수신제가修身齊家·치국평천하治國平天下의 원리이다.

위에서 인용한 『시경』의 시는 아내와 자식, 형과 아우로 가정의 화합과 즐거움을 논하고 있는데, 『주역』에서는 「풍화가인괘風火家人卦」에서 직접 밝히고 있다.

가인괘에서는 "단에서 말하기를 가인家人은 여자가 안에서 바르게 자리하고 남자가 밖에서 바르게 자리하니, 남녀가 바름이 천지의 위대한 뜻이기 때문이다. 가인에 엄한 임금이 있으니 부모를 이른 것이다. 아버지는 아버지답고 자식은 자식답고 형은 형답고 아우는 아우답고 남편은 남편답고 아내는 아내다우면, 가장의 도리는 바르니, 가정이 바르면 천하가 정해질 것이다.象曰家人은 女正位乎內하고 男正位乎外하니 男女正이 天地之大義也ㅣ새니라. 家人에 有嚴君焉하니 父母之謂也니라. 父父子子兄兄弟弟夫夫婦婦而家道ㅣ 正하리니, 正家而天下ㅣ 定矣니라."라고 하여, 가정에서 부모는 엄한 지도자로 아버지와 어머니를 함께 이야기하고 있다.

전통적으로 '엄부친모嚴父親母'라 하여, 아버지는 엄격하고, 어머니는 자애로운 것이 부모의 상인데, 위 내용을 통해서 보면 아버지와 어머니의 역할에 대해서 다시 생각하게 된다. 즉, 어머니가 엄격하면 아버지가 자애롭고, 아버지가 엄격하면 어머니가 자애롭게 하여, 가정에서 조화를 이루는 것이 중요하다. 이것도 음양陰陽의 이치이다. 작용의 입장에서 아버지가 양으로 엄하다면 어머니는 음으로 자애롭고, 본체의 입장에서 어머니가 양으로 엄하다면 아버지는 음으로 자애로워서 조화를 이루면 되는 것이다. 음양은 고정된 실체가 아니라 변하는 작용의 원리이기 때문이다.

또 부부자자父父子子 등은 공자의 정명론正名論으로 이름에 맞게 바르게 하는 것이고, 맹자는 정명론正命論이라 하여 이름은 같지만 자기에게 주어진 천명을 바르게 하는 것이 삶의 본래적 가치를 실현하는 것이라 하였다.

가인괘 대상사에서는 "상에서 말하기를 바람이 불로부터 나옴이 가인이니 군자가 이로써 말씀에는 물이 있고, 행동에는 항상이 있는 것이다.象曰風自火出이 家人이니 君子ㅣ 以하야 言有物而行有恒하나니라."라고 하여, 말씀과 행동을 삼가고 항상해야 함을 밝히고 있다.

다음으로 합할 합合은 인人과 일一과 구口로, 사람이 하나로 합하는 것이고, 화할 흡翕은 합合과 우羽로, 양쪽 날개로 화합하는 것이다. 「계사상」에서 "대저 건괘는 그 고요함에 전일하고 그 움직임에 곧은 것이라 이르써 위대함이 나오며, 대저 곤괘는 그 고요함에 화합하고 그 움직임에 여는 것이라 이로써 넓음이 나오니夫乾은 其靜也 專하고 其動也 直이라 是以大ㅣ 生焉하며, 夫坤은 其靜也 翕하고 其動也 闢이라 是以廣이 生焉하나ㄴㅣ"라고 하여, 곤괘坤卦의 작용으로 논하고 있다.

또 부모에서 모母는 지도地道·군자지도君子之道를 표상하는 곤도坤道의 의미이고, 브父는 천도天道를 상징하는 건도乾道로 천지부모天地父母이기 때문에 나를 낳아주고 길러준 현상現狀에 있는 부모의 뜻을 넘어서 있다.

따를 순順은 천川과 혈頁로, 근원적 존재인 머리가 흘러가는 것으로 「중지곤괘」에서는 동일한 말씀으로 "곤도가 그 순응하는 것이구나, 하늘을 이어서 시時가 행하는 것이다.坤道ㅣ 其順乎인져 承天而時行하나니라.'라고 하였다. 「중지곤괘」에서는 "단에서 말하기를 지극하구나! 곤원이여 만물이 바탕하여 나오니 이에 하늘에 순응하여 계승하니彖曰至哉라 坤元이여 萬物이 資生하나니 乃順承天이니"라고 하여, 천도天道에 순응하는 것임을 밝히고 있다.

또 「택화혁괘」에서는 "탕무가 혁명하여 하늘에 순응하고 사람에게 응하니 혁괘의 시가 위대하구나湯武ㅣ 革命하야 順乎天而應乎人하니 革之時ㅣ 大矣哉라."라 하였고, 「중택태괘」에서는 "이로써 하늘에 순응하고 사람에 응하여 기쁨으로써 백성들에 먼저 하면 백성이 그 수고로움을 잊고, 기쁨으로써 어려움을 이기면 백성이 그 죽음을 잊으니,

기쁨의 위대함이 백성을 근면하게 한다.是以順乎天而應乎人하야 說以先民하면 民忘其勞하고 說以犯難하면 民忘其死하나니 說之大ㅣ 民勸矣哉라."라 하였다.

「계사상」 제12장에서는 '이신사호순履信思乎順'이라 하여, 순순을 군자의 학문 방법이자 삶의 원리로 밝히고 있다. 진리를 담고 있고 드러내 보이는 하늘에 대한 믿음과 하늘의 뜻을 세상에 밝힌 성인에 대한 믿음은 모든 가르침의 근본이 되고, 그 믿음을 믿고서 하늘에 순응할 것을 헤아리는 마음이 학문이고, 삶이라 하겠다.

▷ 제15장의 처자호합妻子好合은 「풍화가인괘」의 단사彖辭로 풀다.

『중용』의 한자 읽기

辟 비유할 비 = 尸 + 口 + 辛 : 하늘을 세워 비유하다.
登 오를 등 = 癶 + 豆 : 사람이 피다.
翕 화할 흡 = 合 + 羽 : 날개를 펴고 합하다.
帑 처자 노 = 女 + 又 + 巾 : 여자를 잡고 있다.

鬼神 귀신의 덕에 감응하다 〈제16장〉

子ㅣ曰鬼神之爲德이 其盛矣乎인져
視之而弗見하며 聽之而弗聞이로대
體物而不可遺니라.
使天下之人으로 齊明盛服하야 以
承祭祀하고 洋洋乎如在其上하며
如在其左右니라.
詩曰神之格思를 不可度思온 矧
可射思ㅇ하니
夫微之顯이니 誠之不可揜이 如
此夫인져

공자께서 말씀하시기를 귀신의 덕 됨이 그 성대한 것이구나!
보아도 보이지 않으며, 들어도 들리지 않되 만물의 본체가 되어 버릴 수 없다.
천하의 사람으로 하여금 밝은 덕을 가지런히 하고 옷을 성대히 하여 제사를 받들게 하고, 양양히 그 위에 있는 것 같으며, 그 좌우에 있는 것 같다.
『시경』에서 말하기를 '신의 이름을 헤아릴 수 없으니 하물며 미워할 수 있겠는가?' 하였으니
무릇 은미한 것이 드러나니, 정성을 가릴 수 없음이 이와 같구나!

역해

　제11장에서 제15장까지는 군자의 도에 대해 밝히고, 제16장에서는 군자지도의 근거가 되는 귀신의 덕에 대하여 말씀하고 있다. 이 장의 귀신은 성리학에 이르러서 유학자들의 관심이 되고 있다.

　먼저 『주역』에서 귀신의 말씀을 찾아보고자 한다.

　「중천건괘」 문언에서는 "대저 대인은 천지와 더불어 그 덕을 합하며, 일월과 더불어 그 밝음을 합하며, 사시와 더불어 그 차례를 합하며, 귀신과 더불어 그 길흉을 합하여 하늘보다 먼저 해도 하늘이 어기지 않으며, 하늘보다 뒤에서 천시를 받드니, 하늘도 또한 어기지 않는데 하물며 사람이며 하물며 귀신이겠는가?夫大人者는 與天地合其德하며 與日月合其明하며 與四時合其序하며 與鬼神合其吉凶하야 先天而天弗違하며 後天而奉天時하나니 天且弗違온 而況於人乎며 況於鬼神乎져"라고 하여, 진리를 자각한 대인聖人이 귀신과 함께 하여 인간 사회의 길과 흉을 밝힌다고 하였다.

　「지산겸괘地山謙卦」 단사에서는 "천도는 가득 찬 것을 이지러지게 하고 겸손한 것을 더해주고, 지도는 가득 찬 것을 변화시키고 겸손한 것을 흐르게 하고, 귀신은 가득 찬 것을 해치고 겸손한 것에 복을 주고, 인도는 가득 찬 것을 미워하고 겸손한 것을 좋아하니天道는 虧盈而益謙하고 地道는 變盈而流謙하고 鬼神은 害盈而福謙하고 人道는 惡盈而好謙하나니"라고 하여, 귀신의 성정性情을 천지인天地人 삼재지도三才之道와 함께 논하고 있다. 귀신은 가득 찬 교만한 사람은 미워하고, 겸손한 사람에게 복을 주는 주재적主宰的 존재이자 사랑을 실천하는 인격적 존재라고 하였다.

「뇌화풍괘」 단사에서도 "하늘과 땅의 가득차고 빔도 시와 더불어 사라지고 불려지는 것인데 하물며 사람이며, 하물며 귀신이겠는가? 天地盈虛도 與時消息이온 而況於人乎며 況於鬼神乎여."라고 하여, 천지天地와 사람 그리고 귀신의 작용이 같음을 밝히고 있다.

그런데 「화택규괘火澤睽卦」에서는 "상구는 어그러져서 외로우니 진흙을 지고 있는 돼지를 보고 귀신을 한 수레에 싣는다. 먼저는 베푸는 활이다가 후에는 벗기는 활이니 도적이 아니라 혼인할 짝이니 가서 비를 만나면 길하다. 上九는 睽孤니 見豕負塗오 載鬼一車라 先張之弧라가 後說之弧니 匪寇라 婚媾니 往遇雨則吉하리라."라고 하여, 귀신을 한 수레에 싣는 대상적 존재로 이해할 수도 있지만, 수레가 곤도坤道를 상징하기 때문에 땅에서 이루어지는 천지天地의 조화로 생각할 수 있다.

귀신鬼神의 철학적 의미는 「계사상」을 중심으로 이야기할 수 있다. 「계사상」 제4장에서는 "역도가 천지와 더불어 법도가 되는 까닭으로 능히 천지의 도를 가득차게 얽는 것이다. 우러러 천문을 관찰하고 구부려 지리를 살피는 것이라 유명幽明의 연고를 알고, 시작에 근원하여 마침으로 돌아가는 것이라 사생死生의 말씀을 알고, 정기는 물이 되고 흐르는 혼은 변화가 되는 것이라 귀신의 있는 그대로의 상태를 아는 것이다. 易이 與天地準이라. 故로 能彌綸天地之道하나니 仰以觀於天文하고 俯以察於地理라 是故로 知幽明之故하며 原始反終이라 故로 知死生之說하며 精氣爲物이오 游魂爲變이라 是故로 知鬼神之情狀하나니라."라고 하여, 귀신론에서 논의되는 핵심적 주제인 '귀신鬼神', '유명幽明, 어두움과 밝음', '사생死生, 죽음과 삶', '정기精氣', '유혼遊魂'을 밝히고 있다.

『예기』에서는 혼백魂魄에 대하여 "혼기魂氣는 하늘로 돌아가고, 형백形魄은 땅으로 돌아가는 까닭으로 제사는 음양의 뜻에서 구하는 것이다. 은나라 사람은 양에서 먼저 구하고, 주나라 사람은 음에서 먼저 구하였다.魂氣歸于天, 形魄歸于地, 故祭, 求諸陰陽之義也, 殷人先求諸陽, 周人先求諸陰."라고 하여, 혼은 기운으로 하늘로 돌아가고, 백은 형상으로 땅으로 돌아가는 음양의 작용으로 밝히고 있다.

주희는「계사상」제4장의 주해에서 "역이라는 것은 음양일 뿐이다. 유명·사생·귀신은 모두 음양의 변화이다. …… 음은 정이고 양은 기이다. 모이면 물이 이루어지니 신神의 펼쳐짐이다. 혼은 흐르고 백은 내려간다. 흩어져서 변화가 되는 것이니 귀鬼의 돌아감이다.易者 陰陽而已 幽明死生鬼神 皆陰陽之變 (중략) 陰精陽氣 聚而成物 神之伸也 遊魂魄降 散而爲變 鬼之歸也."라고 하여, 역의 진리를 음양으로 정의하면서 모든 것을 음양의 변화로 논하고 있다. 귀신론의 입장에서 음양은 기氣로 논할 수 있지만, 『주역』 자체에서 음양陰陽은 천도의 작용원리이기 때문에 이러한 이중적인 의미를 생각할 때 『주역』을 더 깊이 이해할 수 있다.

또한「계사상」제9장에서는 "천수는 일이고, 지수는 이이고, 천수는 삼이고, 지수는 사이고, 천수는 오이고, 지수는 육이고, 천수는 칠이고, 지수는 팔이고, 천수는 구이고, 지수는 십이니, 천수가 다섯이고 지수가 다섯이니, 다섯 위를 서로 얻어서 각각 합하니, 천수는 이십하고 또 오이고 지수는 삼십이다. 무릇 천지의 수는 오십하고 또 오이니, 이것은 변화를 이루고 귀신을 행하는 원리이다.天一地二天三地四天五地六天七地八天九地十이니 天數ㅣ 五오 地數ㅣ 五니 五位相得하며 而各有合하니 天數ㅣ 二十有五오 地數ㅣ 三十이라 凡天地之數ㅣ 五十有五니

此ㅣ 所以成變化하며 而行鬼神也라."라그 하여, 일一부터 십十까지 수의 이치가 귀신을 행하는 것이라 하였다.

이를 주희가 "귀신은 무릇 기우와 생성의 굴신·왕래를 이른다.鬼神謂凡奇偶生成之屈伸往來者."라고 주해를 하면서, 귀신에 대한 논의에서 굴신과 왕래의 문제가 중심이 되었다. 귀신의 작용을 이야기할 때 굴신屈伸과 왕래往來는 빠지지 않는 개념이 된 것이다.

공자가 말씀한 '귀신의 덕됨'에서 인격적 귀신에 대한 성리학적 귀신관이 시작된 것이다. 주희는 『중용집주』에서 "정자가 말하기를 '귀신은 천지의 공용이고 조화의 자취이다.' 장횡거가 말하기를 '귀신이라는 것은 (음양) 두 기의 양능良能이다.' 내가(주희) 생각하건데 두 기운으로 말하면 귀鬼라는 것은 음의 령靈이고, 신이라는 것은 양의 령이며, 한 기운으로 말하면 이르러 퍼지는 것은 신이 되고 돌아가 되 돌아가는 것은 귀가 되니, 그 실제는 한 물건일 뿐이다.程子曰 鬼神 天地之功用 而造化之迹也 張子曰 鬼神者 二氣之良能也 愚謂 以二氣言 則鬼者陰之靈也 神者 陽之靈也 以一氣言 則至而伸者爲神 反而歸者爲鬼 其實一物而已."라고 하여, 귀신에 대한 학술적 논의를 본격화하였다. 성리학의 귀신론에서 반드시 등장하는 정이천程伊川과 장횡거張橫渠의 귀신에 대한 정의가 『중용집주』의 이 내용을 중심으로 종합되고 있다.

성리학에서 논의하는 귀신론의 핵심은 귀신이란 다름 아니라 기 즉 음양이라는 것에 있다. 『주자어류』 제3권 「귀신장」에서는 "귀신은 기일 따름이다. 굴신왕래하는 것은 기이다.鬼神只是氣 屈伸往來者 氣也.". "귀신은 음양의 소장에 불과할 따름이다.鬼神不過陰陽消長而已."라고 하였다.

또 "천지 간에 시드는 것은 귀이고 자라나는 것은 신이며, 사는 것은 신이고 죽는 것은 귀이다. 사계절로 말하면 봄·여름은 신이고 가을·겨울은 귀이다. 또 밤낮의 경우에는 낮은 신이고 밤은 귀이다. 사람으로 말하면 말하기는 신이고 침묵하기는 귀이며, 움직임은 신이고 고요함은 귀이다. 호흡으로 말하면 날숨은 신이고 들숨은 귀이다.天地間 如消底是鬼 息底是神 生底是神 死底是鬼 以四時言之 春夏便爲神 秋冬便爲鬼 又如晝夜 晝便是神 夜便是鬼 以人言之 語爲神 黙爲鬼 動爲神 靜爲鬼 以氣息言之 呼爲神 吸爲鬼."라고 하였다.

문자적 해석으로 그 의미를 살펴보면, 귀는 귀歸, 돌아감이므로 음이고, 신은 신伸, 펼침이므로 양으로, 음양이 교역하는 역易을 자연현상과 인간현상, 모든 세계의 현상을 귀신이라 할 수 있는 것이다. 귀신을 생사의 범위까지 포함하여 모든 사물物의 가시적 현상세계의 변화와 동일시하고 있다.

『논어』에서는 "번지가 지知에 대하여 물으신대, 공자께서 말씀하시기를 백성의 의에 힘쓰고 귀신을 공경하고 멀리하면 지혜라고 한다.樊遲ㅣ 問知한대 子ㅣ 曰務民之義오 敬鬼神而遠之면 可謂知矣니라."라고 하여, 인간의 신명성인 지성智性을 귀신과 연계시켜 논하고 있다.

한편 귀신의 덕이 성대盛大하다고 할 때, 성盛은 성成과 명皿으로, 그릇에 성공이 넘치는 것이고,「계사상」에서는 "인에서 나타나며 씀에서 감춰져서 만물을 고동하지만 성인과 더불어 한가지로 근심하지 않으니, 성대한 덕과 위대한 사업이 지극하구나. 부富가 있는 것을 위대한 사업이라 하고, 날마다 새로워짐을 성대한 덕이라 하고顯諸仁하며 藏諸用하야 鼓萬物而不與聖人同憂하나니 盛德大業이 至矣哉라. 富有之謂

ㅣ 大業이오 日新之謂ㅣ 盛德이오", "덕은 성대함을 말하고 예는 공경을 말하니 德言盛이오 禮言恭이니"라 하고, 「계사하」에서는 "신을 궁구하여 감화를 아는 것이 덕의 성대함이다. 窮神知化ㅣ 德之盛也라"라고 하여, 덕이 성대함임을 알 수 있다.

또 '제명성복齊明盛服'을 일반적으로 '재계齋戒하고 깨끗이 하며 의복을 성대히 하여'라고 번역하는데, 제명齊明을 한자 그대로 '밝음을 가지런히 하고'로 해석할 수 있다. 이는 제20장의 '제명성복齊明盛服하여 비례부동非禮不動은 소이수신야所以修身也오'를 통해 생각하면, 수신修身의 근본은 자신의 덕을 밝히는 것이 있기 때문에 명明은 명덕明德이 되는 것이다. 제齊와 재齋는 서로 통용되지만 두 군데에서 모두 제齊로 사용하고 있음에도 유의해야 한다.

나타날 현顯은 일日과 요幺 두 개, 화灬 그리고 혈頁로, 하늘의 뜻이 작게 작게 밝게 드러난다는 뜻이고, 「계사상」에서는 "인에서 나타나고顯諸仁", "도가 나타나고 신명한 덕을 행하는 것이다. 顯道하고 神德行이라"라 하고, 「계사하」에서는 "무릇 역도는 감을 드러내고 옴을 살펴 은미한 것은 나타내고 드러난 것은 그윽하게 한다. 夫易은 彰往而察來하며 而微顯闡幽하며"라고 하여, 도의 체용 작용을 설명하고 있다. 불교에서 '삿된 것을 없애고 정법을 나타낸다'는 파사현정破邪顯正으로 많이 사용되고 있다.

▷ 제16장의 귀신鬼神은 「계사상」 제4장의 귀신지정상鬼神之情狀으로 풀다.

『중용』의 한자 읽기

鬼 귀신 귀 = 丶 + 田 + 儿 + 厶 : 하늘이 마음에 작용하다.
盛 성할 성 = 成 + 皿 : 그릇을 이루다.
顯 나타날 현 = 日 + 幺 + 灬 + 頁 : 빛이 작게작게 드러나다.
聽 들을 청 = 耳 + 王 + 悳 : 곧은 마음으로 듣다.

제17장

위대한 덕德은 천명天命을 받는다

子ㅣ 曰舜은 其大孝也與신져 德爲聖人이시고 尊爲天子시고 富有四海之內하샤 宗廟饗之하시며 子孫保之하시니라.
故로 大德은 必得其位하며 必得其祿하며 必得其名하며 必得其壽ㅣ니라.
故로 天之生物이 必因其材而篤焉하나니 故로 栽者를 培之하고 傾者를 覆之니라.
詩曰嘉樂君子여 憲憲令德이 宜民宜人이라 受祿于天이어늘 保佑命之하시고 自天申之라하니라.
故로 大德者는 必受命이니라.

공자께서 말씀하시기를 순임금은 위대한 효도이시구나! 덕은 성인이시고 존귀함은 천자시고 부유함은 사해의 안을 소유하시어, 종묘의 제사를 흠향하시며 자손을 보호하시니라.
그러므로 위대한 덕은 반드시 그 자리를 얻으며, 반드시 그 녹을 얻으며, 반드시 그 명성을 얻으며, 반드시 그 장수를 얻는다.
그러므로 하늘이 만물을 낳음에 반드시 그 재목에 따라

돈독하게 하니. 그러므로 심은 것은 북돋워주고, 기울어진 것을 엎어버린다.
『시경』에서 말하기를 '아름다운 군자여! 드러나고 드러난 영명한 덕이 백성들에게 마땅하다. 하늘에서 녹을 받거늘 보호하고 도와서 명하시고 하늘로부터 거듭한다'하니, 그러므로 위대한 덕은 반드시 천명을 받는다.

역해

제16장의 귀신지도에 이어서 제17장에서는 성인지도聖人之道를 논하고 있다.

제6장에서는 순임금의 대지大知에 대하여 논하고, 여기서는 대효大孝와 대덕大德을 밝히고 있다. 공자께서 가장 존숭한 성인이 순임금임을 알 수 있다. 제6장의 위대한 지혜에서도 네 가지이고, 위대한 덕에서도 네 가지로 말씀하고 있다.

먼저 순임금에 대해 성인聖人의 도통道統을 밝힌 『주역』「계사하」 제2장에서 밝히고 있다. "신농씨가 돌아가시거늘 황제黃帝와 요순이 일어나서 그 변화에 통하여 백성들로 하여금 게으르지 않게 하며, 신명으로 감화하여 백성들로 하여금 마땅하게 하니, 역도는 궁하면 변하고 변하면 통하고 통하면 오래라. 이로써 하늘로부터 도와서 길하여 이롭지 않음이 없으니 황제·요·순이 옷과 치마를 드리우고 천하를 다스리니 대개 건곤에서 취하고 神農氏沒커늘 黃帝堯舜氏作하야 通其變하야 使民不倦하며 神而化之하야 使民宜之하니 易이 窮則變하고 變則通하고 通則久라. 是以自天佑之하야 吉无不利니 黃帝堯舜이 垂衣裳而天下治하니 蓋取諸

乾坤하고"라고 하여, 건괘乾卦와 곤괘坤卦의 원리를 취해서 천하를 다스린 성인으로 밝히고 있다.

또 『논어』에서는 "공자께서 말씀하시기를 함이 없이 다스린 사람은 그 순임금이시구나! 대저 무엇을 하겠는가? 자기를 공손히 하고 바르게 남면南面을 할 뿐인 것이다.子ㅣ曰無爲而治者는 其舜也與신저 夫何爲哉시리오 恭己正南面而已矣시니라."라고 하여, 순임금은 무위이치無爲而治를 한 분으로 논하고 있다.

순임금을 칭송한 네 가지 일을 나누어서 살펴보자. 첫째, 순임금의 대효大孝는 『맹자』에서 구체적으로 밝히고 있다. 『맹자』에서는 "순임금이 어버이 섬기는 도를 다하시고 고수가 즐거워하니, 고수가 즐거워하고 천하가 감화하며, 고수가 즐거워하고 천하의 부모와 자식됨이 정해지니, 이것이 위대한 효도이다.舜이 盡事親之道而瞽瞍 底豫하니 瞽瞍 底豫而天下 化하며 瞽瞍 底豫而天下之爲父子者 定하니 此之謂大孝니라"."사람이 어려서는 부모를 사모하다가 호색을 알면 젊고 이쁜 이를 사모하고, 처와 자식이 있으면 처자를 사모하고, 벼슬하면 임금을 사모하고, 임금에게 얻지 못하면 열중하니, 위대한 효도는 몸을 마치도록 부모를 사모하니, 50년을 사모한 것을 내가 위대하신 순임금에서 볼 수 있다.人이 少則慕父母하다가 知好色則慕少艾하고 有妻子則慕妻子하고 仕則慕君하고 不得於君則熱中이니 大孝는 終身慕父母하나니 五十而慕者를 子於大舜에 見之矣로라"라고 하였다.

둘째, 순임금의 덕은 성인이라는 것이다. 「계사하」에서는 "천지의 위대한 덕은 낳음이고, 성인의 위대한 보물은 자리이니, 무엇으로 자리를 지키는가? 인仁이고, 무엇으로 사람을 모으는가? 재물이니, 재물을 다스리고 말씀을 바르게 하고 백성들이 잘못된 것을 금하는 것이 의義이다. 天地之大德曰生이오 聖人之大寶曰位니 何以守位오 曰仁이오 何以聚人고 曰財니 理財하며 正辭하며 禁民爲非ㅣ 曰義라."라고 하여, 성인이 천지의 위대한 덕을 본받아 인의仁義를 깨우치고 실천한 존재임을 밝히고 있다.

또 『주역』에서는 "성인의 괘를 베풀어서 상을 깨우치고 말씀을 메어서 길과 흉을 밝히며聖人이 設卦하야 觀象繫辭焉하야 而明吉凶하며", "성인이 천하의 뜻에 감통하고 천하의 사업을 정하고 천하의 의심을 결단하였다.聖人이 以通天下之志하며 以定天下之業하며 以斷天下之疑하나니라.", "천지가 만물을 기르며 성인이 현인을 길러서 만백성에게 미치게 하니天地ㅣ 養萬物하며 聖人이 養賢하야 以及萬民하나니"라고 하여, 성인의 천명天命에 대하여 밝히고 있다.

셋째로 순임금의 지위가 천자인 것과, 넷째로 부유함은 사해의 안을 모두 가지셨다는 것은 그대로 역사적 사실을 말한 것이다. 다만 「화천대유괘」에서는 "구삼은 공이 천자에게 제사를 드리니 소인은 절대 능하지 않다. 상에서 말하기를 공이 천자에게 제사를 드림은 소인은 해가 되기 때문이다.九三은 公이 用亨于天子니 小人은 弗克이니라. 象曰公用亨于天子는 小人은 害也일새라."라고 하여, 『주역』에서 천자天子를 딱 한 번 언급하고 있다.

순임금의 위대한 효도 네 가지는 사덕에 대응된다. 덕德은 사랑으로 인仁, 존尊은 높고 낮음의 질서로 예禮, 부富는 사회적 정의가 근본이기에 의義, 종묘宗廟는 하늘로 돌아간 조상과 소통하는 곳이기 때문에 지智에 각각 배속된다.

다음으로 '위대한 덕[大德] 네 가지를 반드시 한다'는 군자가 실천해야 할 인의예지仁義禮智 사덕四德과 일치한다. 그 자리를 얻음은 의義에 해당되고, 그 복록을 얻음은 인仁에 해당되고, 그 명예를 얻음은 예禮에 해당되고, 그 장수를 얻음은 지智에 해당된다.

위대한 덕이 얻는 '그 자리'·'그 봉록'·'그 명예'·'그 장수'에서 앞의 세 가지는 일반적인 개념으로 이해가 되지만 수壽는 다른 입장에서 생각해야 한다. 목숨 수壽는 사士와 궐丨 그리고 공工, 일一, 구口, 촌寸으로, 하늘의 뜻을 상징하는 십十과 그것이 땅에서 마디로 드러난다는 공工, 일一, 촌寸을 통해 하늘의 마음을 올바로 얻는다는 뜻이 들어 있다. 따라서 장수長壽는 몸이 건강하게 오래 산다는 의미도 있지만, 하늘의 뜻이 길게 드러난다는 본질적인 의미를 가지고 있다.

한편 인의예지仁義禮智와 대응되는 네 가지는 사상철학의 사상인四象人 마음작용으로 연결하여 생각할 수 있다. 즉, 태양인은 예禮에 해당되는 명예를 얻는 것은 잘하고, 의義에 해당되는 자리를 얻는 것은 잘하지 못하고, 반대로 소음인은 의義의 자리를 얻는 것은 잘하고, 예禮인 명예를 얻는 것은 잘하지 못한다. 또 태음인은 인仁에 해당되는 복록을 얻는 것은 잘하고, 지智에 해당되는 장수를 얻는 것을 잘하지 못하고, 반대로 소양인은 지智인 장수를 얻는 것은 잘하고, 인仁인 복록을 얻는 것은 잘하지 못한다. 사상인의 잘함과 잘하지 못함은 『동의수세보원』 제1권 「확충론」에서 자세히 논하고 있다.

이것을 그림으로 그리면 아래와 같다.

```
智  소양인                    태음인  仁
    其壽                      其祿



    禮  其名              其位  義
        태양인          소음인
```

다음으로 인因은 구口와 대大로, 마음 속에 하늘의 뜻을 담는 것이다. 심을 재栽는 십十과 과戈 그리고 목木으로, 하늘 아래에 신도神道를 심는 것이고, 경傾은 화化와 혈頁로, 머리가 변화한 것으로 생각이 기울어진 것이다.

하늘이 만물을 낳음에 반드시 그 재목으로 인하여 돈독하게 하고, 자기의 삶을 심는 사람에게는 북돋아 주고, 욕망으로 마음이 기울어진 사람을 뒤엎어버리는 것은 인과법因果法이다. 스스로 자기의 삶을 가꾸어 가는 사람은 길러주고, 욕심에 어두워서 기울어진 사람을 덮어버리는 것이 하늘의 뜻인 것이다. 이것이 인과보응의 이치가 음양 상승과 같이 되는 것이다.

현상적 존재자들은 서로 다른 지적·영적 능력을 가지고 있는데, 특히 사람의 자연환경과 교육환경 그리고 본인의 의지와 그것을 실천하려는 정성 등은 인과원리에 의해 전생부터 닦아온 결과라고 할 수 있다. 지금 여기에 있는 나를 설명하기 위해서는 여기에 있는 것만으로는 설명이 불가능하다. 『중용』에서 말하는 천天은 음양원리이고, 이 음양원리에 따라 인과보응의 이치가 드러나게 된다. 따라서 하늘을 원망하거나 인과의 이치를 부정하지 말고, 그 뜻을 올바로 세우고 정성을 들여서 끊임없이 자신의 지적·영적 능력을 높여나가야 한다.

▷ 제17장의 순임금은 「계사하」 제2장의 「중천건괘」와 「중지곤괘」로 풀다.

『중용』의 한자 읽기

栽 심을 재 = 十 + 木 + 戈 : 하늘의 신도를 심다.
傾 기울 경 = 化 + 頁 : 머리가 변화하다.
嘉 아름다울 가 = 壴 + ㆍㆍ + 一 + 加 : 길함을 더하다.
保 도울 보 = 亻 + 口 + 木 : 사람이 신도를 돕다.

제18장

종묘가 흠향하고 자손이 보호하다

子ㅣ 曰無憂者는 其惟文王乎신져 以王季爲父하시고 以武王爲子하시니 父ㅣ 作之어시늘 子ㅣ 述之하시니라.

武王이 纘太王王季文王之緒하샤 壹戎衣而有天下하샤대 身不失天下之顯名하샤 尊爲天子ㅣ시고 富有四海之內하샤 宗廟饗之하시며 子孫保之하시니라.

武王이 末受命이어시늘 周公이 成文武之德하샤 追王太王王季하시고 上祀先公以天子之禮하시니 斯禮也 達乎諸侯大夫及士庶人하니 父爲大夫오 子爲士어든 葬以大夫오 祭以士하며 父爲士오 子爲大夫어든 葬以士오 祭以大夫하며 期之喪은 達乎大夫하고 三年之喪은 達乎天子하니 父母之喪은 無貴賤一也니라.

공자께서 말씀하시기를 근심이 없는 분은 오직 문왕이시구나! 왕계로써 아버지를 삼으시고, 무왕으로써 자식을 삼으시니, 아버지가 지으시거늘 자식이 잇는 것이다.

무왕이 태왕·왕계·문왕의 시초를 이으시어 한번 융의를 입어 천하를 소유하시되, 자신은 천하에 훌륭한 이름을 잃지 않으시며, 존귀함은 천자이시고 부유함은 사해의 안을 소유하시어, 종묘의 제사를 흠향하시며 자손을 보호하시니라.

무왕이 말년에 천명을 받으시자, 주공이 문왕·무왕의 덕을 이루시어 태왕과 왕계를 왕으로 추존하시고, 위로 선공을 천자의 예로 제사하시니, 이 예가 제후·대부·사서인에게 달하니, 아버지가 대부이고 자식이 사이면 장례는 대부로써 하고 제사는 사로써 하며, 아버지가 사이고, 자식이 대부이면 장례는 사로써 하고 제사는 대부로써 하며, 기년상은 대부에게 달하고 삼년상은 천자에 달하니, 부모의 상은 귀천이 없이 똑같다.

역해

문왕은 『주역』 64괘 괘사卦辭를 지은 작역作易 성인으로, 상나라 주紂에 의해 유리옥羑里獄에 갇혀 있으면서 괘사를 지은 것이다.

「계사하」 제2장에서는 역학의 성통聖統을 구체적으로 논하고 있다. 문왕에 대해서는 "나무를 깎아서 공이를 만들고 땅을 파서 절구를 만들어서 절구와 공이의 이로움으로 만 백성이 건너니 대개 소과괘에서 취하고斷木爲杵하고 掘地爲臼하야 臼杵之利로 萬民이 以濟하니 蓋取諸小過하고"라고 하여, 64괘에서 62번째「뇌산소과괘雷山小過卦」와 연결시키고, 인류에게 절구와 공이를 통해 정미精米하는 것을 가르쳐 준 성인으로 밝히고 있다.

문왕이 직접 지은「뇌산소과괘」괘사에서는 "소과는 형통하니 곧 음이 이로우니, 소사는 옳고 대사는 옳지 못하니 나는 새가 남긴 소리에 위로는 마땅하지 않고 아래로는 마땅하면 크게 길하다.小過는 亨하니 利貞하니 可小事오 不可大事니 飛鳥遺之音에 不宜上이오 宜下면 大吉이니라."라고 하여, 밖으로 행하는 대사大事는 옳지 못하고, 자기 내면의 일인 소사小事는 옳다고 하였다. 문왕이 천하를 통일하지 못하고, 64괘 괘사를 지었음을 의미하고 있다.

문왕文王에 대하여 『주역』의 몇 곳에서 논하고 있다. 「지화명이괘」 단사에서는 "안으로 문장이 밝고 밖으로 유순하여 큰 어려움을 덮어 가리니 문왕이 이렇게 하시었다.內文明而外柔順하야 以蒙大難이니 文王이 以之하시니라."라 하고, 「계사하」에서는 "주역이 흥함이 은나라의 말기와 주나라의 덕이 성대한 것에 해당하는구나! 문왕과 주의 일에 해당하는구나!易之興也 其當殷之末世周之盛德耶인져 當文王與紂之事耶인져"라고 하여, 문왕이 당한 어려움과 그 어려움 속에서 64괘 괘사를 지어 역도易道를 드러낸 것을 밝히고 있다.

또한 무왕에 대해서는 「계사하」 제2장에서 "나무를 휘어서 활을 만들고 나무를 깎아서 화살을 만들어서 활과 화살의 이로움으로 천하에 위엄으로써 하니 대개 규괘에서 취하고弦木爲弧하고 剡木爲矢하야 弧矢之利로 以威天下하니 蓋取諸睽하고"라고 하여, 42번째 「화택규괘」와 연결시켜, 활과 화살로 천하에 위엄을 보인 성인으로 밝히고 있다.

「택화혁괘」 단사에서는 "천지가 바뀌어 사시가 이루어지면, 탕임금과 무왕이 혁명하여 하늘에 순응하고 사람들에게 응하니 혁의 때가 위대하구나!天地ㅣ 革而四時ㅣ 成하며 湯武ㅣ 革命하야 順乎天而應乎人하니 革之時ㅣ 大矣哉라."라고 하여, 하나라 걸을 내치고 상나라를 세운 탕임금과 은나라 주를 내치고 주나라를 세운 무왕은 천명을 바꾸어서 하늘에 순응하고 백성들과 감응한 것이라 하였다.

『맹자』에서는 문왕과 무왕 그리고 주공에 대하여 "또한 문왕의 덕으로 백년 이후에 돌아가시되 오히려 아직 천하에 합하지 못하거늘 무왕과 주공이 계승한 연후에 크게 행하니且以文王之德으로 百年而後崩하시되 猶未洽於天下어늘 武王周公이 繼之然後에 大行하니"라고 하였다.

특히 "맹자께서 말씀하시기를 요임금과 순임금은 성性이시고, 탕임금과 무왕은 신身이시고, 오패五霸는 거짓이다.孟子 曰堯舜은 性之也오 湯武는 身之也오 五覇는 假之也니라"라고 하여, 요순과 탕무 그리고 오패를 구분해서 밝히고 있다.

지음作之와 서술述之에 대하여『예기』에서는 "예악의 뜻을 아는 사람은 능히 짓고, 예악의 문을 아는 사람은 능히 서술하나니 짓는 사람을 성인이라 이르고 술한 사람은 명이라 이르니 명하고 성인 사람은 저술하고 짓는 것을 이른다.知禮樂之情者는 能作하고 識禮樂之文者는 能述하나니 作者之謂聖이요 述者之謂明이니 明聖者는 述作之謂也라"라고 구분하고 있다.

이 장에서 나오는 주공周公은 다음 장에서 자세히 설명하고자 한다.

▷ 제18장의 문왕과 무왕은 「계사하」 제2장의 「뇌산소과괘」와 「화택규괘」로 풀다.

『중용』의 한자 읽기

泰 클 태 = 三 + 人 + 氺 : 천지인이 흐르다.
惟 오직 유 = 忄 + 隹 : 하늘을 생각하다.
贊 이을 찬 = 糸 + 贊 : 하늘을 돕다.
饗 잔치할 향 = 鄕 + 食 : 고향에서 잔치하다.

제19장 무왕·주공은 효에 통달하다

子ㅣ 曰武王周公은 其達孝矣乎신져 夫孝者는 善繼人之志하며 善述人之事者也니라.
春秋에 修其祖廟하며 陳其宗器하며 設其裳衣하며 薦其時食이니라.
宗廟之禮는 所以序昭穆也오 序爵은 所以辨貴賤也오 序事는 所以辨賢也오 旅酬에 下ㅣ 爲上은 所以逮賤也오 燕毛는 所以序齒也니라.
踐其位하야 行其禮하며 奏其樂하며 敬其所尊하며 愛其所親하며 事死如事生하며 事亡如事存이 孝之至也니라.
郊使之禮는 所以事上帝也오 宗廟之禮는 所以祀乎其先也니 明乎郊使之禮와 禘嘗之義면 治國은 其如示諸掌乎인져.

공자께서 말씀하시기를 무왕과 주공은 효에 통달하신 것이구나!

무릇 효는 사람(부모)의 뜻을 잘 계승하며 사람의 일을 잘 서술하는 것이다.
봄과 가을에 그 선조의 묘를 닦으며, 그 종묘에 제기를 진설하며, 그 치마와 옷을 펴며, 그 제철 음식을 올린다.
종묘의 예는 소와 목을 차례로 하고, 작위의 차례는 귀천으로 분별하고, 일의 차례는 어짐을 변별하고, 술잔을 권할 때에 아래로부터 위로 하는 것은 천한 사람에게 미치는 것이고, 잔치의 순서는 나이의 차례로 한다.
그 위를 밟아 그 예를 행하며, 그 음악을 연주하며, 그 높은 것을 공경하고, 그 친애하는 것을 사랑하며, 죽은 이 섬기기를 산 사람 섬기듯 하고, 없는 이 섬기기를 있는 사람 섬기듯이 하는 것이 효의 지극함이다.
교제郊祭와 사직 제사의 예는 상제를 섬기는 것이고, 종묘의 제사는 그 선조를 섬기는 것이니, 교제와 사직 제사의 예와 체 제사와 상 제사의 뜻이 밝으면 나라를 다스림은 그 손바닥 위에서 보는 것과 같구나.

역해

주공周公은 아버지 문왕의 덕을 이어 『주역』의 64괘의 효사爻辭인 384효의 말씀을 지은 작역作易 성인이다.

성통聖統을 밝힌 「계사하」 제2장에서는 "상고에는 구멍과 들에서 거처하였다가 후세 성인이 궁실로 바꾸어서 위에는 용마루와 아래에 처마를 하여 바람과 비를 대비하였으니 대개 대장괘에서 취하고上古앤 穴居而野處러니 後世聖人이 易之以宮室하야 上棟下宇하야 以待風雨하니 蓋取諸大壯하고"라고 하여, 64괘에서 34번째 괘인 「뇌천대장괘雷天大壯卦」와 연결시키고, 바람과 비를 피할 수 있는 궁실을 가르쳐 준 성인으로 밝히고 있다.

계繼는 사糸와 이二 그리고 작을 요幺 4개로, 하늘의 음양陰陽 사상四象 작용을 계승하는 것이고, 술述은 착辶과 출朮 = 十+丶+儿로, 하늘의 뜻을 사람이 서술하는 의미를 가지고 있다. 따라서 효는 하늘의 뜻을 잘 계승하고, 사람이 그것을 잘 서술하는 일이라 하겠다.

유학에서 밝히는 효孝의 본질적 의미를 간략히 설명하고자 한다.

『효경』에서는 "신체와 터럭 피부는 부모로부터 받은 것이라 감히 헐거나 훼손하지 않음이 효도의 시작이고, 몸을 세워서 도를 행해 후세에 이름을 드날려 부모를 드러내는 것이 효도의 마침이다. 무릇 효도는 어버이를 섬김에서 시작하고 임금을 섬김이 가운데이고, 자신을 입지하는 것이 마침이다.身體髮膚를 受之父母라 不敢毁傷이 孝之始也요 立身行道하야 揚名於後世하야 以顯父母ㅣ 孝之終也니라 夫孝는 始於事親이오 中於事君이오 終於立身이니라"라고 효도를 정의하고 있다.

일반적으로 이 문장의 해석을 '우리의 몸은 부모에게 받은 것으로 상하지 않는 것이 효도의 시작이고, 세상에 출세하여 부모의 이름을 드러나게 하는 것이 효도의 마침이다.'로 하여, 유학의 출세지향주의의 근원으로 알고 있다.

그러나 문장을 자세히 분석하면 전혀 다른 입장임을 알 수 있다. 첫째, 신체身體에서 몸 신身과 몸 체體의 구별이다. 신身은 그냥 몸이 아니라 양심良心을 포함한 몸이기 때문에 마음이 중심인 몸이고, 체體는 뼈가 중심인 몸이다. 즉, 하늘로부터 받은 양심을 헐거나 훼손하지 않는 것이 효도의 시작이라고 해석된다.

둘째, 효도의 마침을 '입신양명立身揚名'이라 하여, 내가 출세해서 세상에 이름을 드러내는 것이 효도의 마침이 된다고 해석하였다. 그러나 문장을 자세히 보면, 입신立身하면 도진리를 행하고, 또 이름을 드날리는 것은 후세後世에 하라는 것이다. 이것을 가장 잘 실천한 분이 이순신李舜臣 장군이다.

셋째, 마지막 문장에서 효도의 마침이 입신立身에 있다는 것이다. 입신立身은 단순히 몸을 세우는 것이 아니라 자기의 양심을 세우는 것이고, 입지立志를 하는 것이다. 따라서 『효경』에서 말한 효도의 본래적 의미를 되새기는 것이 필요하다고 하겠다.

『맹자』에서는 효도에 대하여 "증자가 증석을 봉양하되 반드시 술과 고기가 있더니 장차 물릴 때에 반드시 줄 곳을 물으시며, 남은 것이 있느냐고 물으면 반드시 있다고 하였다. 증석이 돌아가고 증원이 증자를 봉양하되 반드시 술과 고기가 있더니, 장차 물릴 때에 줄 곳을 묻지 않고 남은 것이 있느냐고 물으면 없습니다 하니 장차 다시 내올 것이다. 이것은 입과 몸을 기르는 것이니, 증자와 같으면 뜻을 받든 것이라 한다. 어버이를 섬김은 증자와 같아야 옳은 것이다.曾子ㅣ 養曾晳호대 必有酒肉이러시니 將徹할새 必請所與하시며 問有餘어든 必曰有라하더시다 曾晳이 死커늘 曾元이 養曾子호대 必有酒肉하더니 將徹할새 不請所與하며 問有餘어시든 曰亡矣라하니 將以復進也라 此ㅣ 所謂養口體者也니 若曾子則可謂養志也니라. 事親을 若曾子者ㅣ 可也니라."라고 하여, 효도의 길을 밝히고 있다.

증자가 실천한 양지養志가 진정한 효도이고, 증원이 실천한 양구체養口體는 껍데기 효도인 것이다. 부모님의 뜻을 받들어 마음을 편안하게 하는 것이 효도의 길이지, 맛있는 것, 좋은 옷, 좋은 집 등으로 받드는 것은 개와 돼지를 기르는 것과 차이가 없다는 것이다. 물론 현대적 삶에 있어서 물질적으로 부모의 삶을 받드는 것도 큰 효도라고 할 수 있겠지만, 참된 효도가 무엇인지는 생각해야 한다.

또 맹자는 세상의 불효를 다섯 가지로 이야기한다. ①자신이 게을러서 부모의 봉양을 돌보지 않는 것이고, ②오락장기, 바둑과 음주를 좋아해서 부모의 봉양을 돌보지 않는 것이고, ③재화를 좋아해서 처자만 생각하고 부모의 봉양을 돌보지 않는 것이고, ④이목의 욕망을 좇아서 부모에게 욕됨이 미치게 하는 것이고, ⑤싸움질하고 다녀 부모를 위태롭게 하는 것이다. 孟子ㅣ 曰世俗所謂不孝者ㅣ 五니 惰其四肢하야 不顧父母之養이 一不孝也오 博奕好飮酒하야 不顧父母之養이 二不孝也오 好財貨하며 私妻子하야 不顧父母之養이 三不孝也오 從耳目之欲하야 以爲父母戮이 四不孝也오 好勇鬪狠하야 以危父母ㅣ 五不孝니

다음으로 춘추春秋는 봄·가을의 제사를 지내는 것으로, 제례祭禮의 네 가지 일은 바로 사덕四德을 실천하는 것이다. 조상의 사당을 닦는 것은 지智, 종묘의 제기를 진설하는 것은 예禮, 치마와 옷을 진설하는 것은 의義, 제철 음식을 올리는 것은 인仁에 해당된다.

위의 네 가지 내용을 『주역』에서 살펴보면, 수脩는 「수산건괘」에서 '몸을 돌이켜 덕을 닦는다反身修德'라 하고, 진설할 진陳은 「계사상」에서 '낮은 곳에서 높은 곳으로 진설하고卑高以陳'라 하고, 베풀 설設은 「계사상」에서 '천지가 자리를 베푸니天地設位'라 하고, 올릴 천薦은 「뇌지예괘雷地豫卦」에서 '그윽이 상제에게 올린다殷薦之上帝'라고 하였다.

다음으로 '그 자리를 밟아서 그 예를 행하며, 그 음악을 연주하며, 그 높은 것을 공경하고, 그 친애하는 것을 사랑하며'도 사덕四德의 의미를 가지고 있다. 예를 행하는 것은 예禮, 그 음악을 연주하는 것은 악樂이니 의義, 그 높은 것을 공경하고는 지智, 친애하는 것을 사랑

하는 것은 인仁에 부합되는 것이다. 이것이 효의 지극한 것이기 때문에 효의 근본은 인의예지仁義禮智를 실천하는 것임을 알 수 있다.

효의 지극함에서 생사生死와 존망存亡은 「중천건괘」의 "그 오직 성인이구나! 나아가고 물러남과 보존하고 없음을 알아서 그 바름을 잃지 않는 자는 그 오직 성인이구나!其唯聖人乎아 知進退存亡而不失其正者ㅣ 其唯聖人乎인져."라고 하여, 성인단이 할 수 있음을 밝히고 있다.

다음으로 제사에 대하여 구체적으로 밝히고 있다. 교제郊祭와 사직제사, 종묘의 제사, 체제사와 상제사 등은 모두 하늘과 땅 그리고 돌아간 사람에 제사를 지내는 것이다.

『주역』에서 제사에 대해서는, 「뇌지예괘」 대상사에서 "상에서 말하기를 우레가 땅에서 일어남이 예괘이니, 선왕이 이로써 음악을 짓고 덕을 숭상하여 상제에 그윽이 올려서 돌아간 조상과 짝을 하는 것이다.象日雷出地奮이 豫니 先王이 以하야 作樂崇德하야 殷薦之上帝하야 以配祖考하니라."라 하고, 「중뢰진괘重雷震卦」에서는 "우레가 백리를 놀라게 함은 멀리를 놀라게 하고 가까이를 두렵게 하니 나아가서 종묘와 사직을 지켜서 제주祭主가 되는 것이다.震驚百里는 驚遠而懼邇니 出可以守宗廟社稷하야 以爲祭主也리라."라고 하여, 계사는 성인을 상징하는 진괘震卦와 관계되어 있고, 또 하늘의 뜻에 감응하는 것임을 밝히고 있다.

제사는 양생養生과는 다른 인간만의 일로 자신의 근원 자리인 부모와 조상을 받들어 모시는 것이다. 첫째, 내 마음속에 살아 계시는 부모님을 나타내어 효를 다하는 것이다. 둘째, 조상님부모님이 후손들에게 베풀어 주신 사랑에 보답하고 추모追慕하는 것이다. 셋째, 제사를 경건히 함은 부모님의 사랑을 생각하며 자신의 삶을 반성하는 인격 수양의 장場이다.

『예기』에서는 "복이라는 것은 갖추는 것이다. … 갖춘다는 것은 안으로 자신의 성의를 다하고, 밖으로 도리에 순응하는 것을 말한다.福者 備也, … 備者 言內盡於己而外順於道也"라고 하여, 제사는 자신의 내면적 성의를 다함으로써 밖으로 만사가 순조롭게 이루어지기를 기원하는 행위이다. 즉, 모든 일이 순조롭기를 기원하는 마음에서 정성誠·믿음信·충성忠·공경敬을 다하는 것이다.

또 "내면으로부터 나와 마음에서 생기는 것이라, 마음이 두려워하여 예禮로써 받드는 것이다.自中出生於心也, 心怵而奉之以禮"라 하고, "역시 주인이 재계하고 공경하는 마음이 있어야 한다.亦以主人有齊敬之心也"라고 하였다.

일반적으로 제례祭禮는 단순히 신을 섬기는 종교적 행위에 머무르지 않고 다양한 사회적 역할을 수행하면서 동양사회의 문화를 이끌어온 문화적 행위로 규정하고 있다. 현대사회에서 제사의 주요 기능을 세 가지로 이해할 수 있다. 첫째, 윤리적 기능으로 조상을 받드는 효의 정신을 되새기면서 한편으로 현재 자신의 존재에 대하여 생각하게 하는 것이고, 둘째는 사회적 기능으로 사회질서의 근원이 되는 가족관계를 재확인하고 인간관계에서의 질서를 확립하도록 하며, 셋째는 교육적 기능으로 인간관계의 규범과 도리를 배우고 가르치는 교육의 장이 되는 것이다.

성밖 교郊는 교交와 읍阝으로, 성을 둘러싼 땅을 말하고, 교외郊外는 성 밖에서 멀리 떨어진 서민들이 사는 곳이다. 「풍천소축괘」에서는 "소축은 형통하니 빽빽한 구름이 비오지 않음은 우리 서쪽 성 밖으로 부터이기 때문이다. … 우리 서쪽 성 밖에서 부터는 베풂이 아직 행하지지 않기 때문이다.小畜은 亨하니 密雲不雨는 自我西郊일새니라. … 自我西郊는 施未行也일새라."라 하고,「천화동인괘」에서는 "상구는 성 밖에서 같이하는 사람이니 후회가 없다.上九는 同人于郊니 无悔니라."라고 하였다.

그리고 '손바닥 위에서 보는 것과 같다'는 것은 쉽다는 뜻도 있지만,『주역』의 입장에서 보면 손바닥으로 헤아려지는 음양陰陽과 사상四象 그리고 오행五行 원리를 보는 것과 같다라는 본질적인 의미가 있다.

즉, 손바닥과 손등은 기본적으로 음양陰陽이지만, 주먹을 쥐면 원圓, 陽이 되고, 손을 펴면 방方, 陰이 되어 천원지방天圓地方의 이치를 담고 있으며, 주먹을 쥔 원圓에서 다섯 손가락을 펴는 작용은 오행작용이고, 손을 모두 편 방方에서 손가락을 접는 것은 사상四象을 나타내는데 마지막 다섯 번째는 원圓이 되기 때문에 작용으로 헤아리지 않는다. 여기서 중요한 원리를 발견하게 되는데, 손은 손등과 손바닥이 하나로 이루어진 것이기 때문에 음양은 그대로 일체적 존재이며, 이 손등과 손바닥이 만나서 음양이 작용하는데, 굽히면 사상四象작용을 나타내고, 펴는 것은 오행五行작용을 나타낸다.

『논어』에서는 "혹이 체제사의 말씀을 물으신대, 공자께서 말씀하시기를 알지 못하는 것이다. 천하에 그 말씀을 하는 사람은 이것을 보는 것과 같구나 하시고 그 손바닥을 가리키시다.或이 問禘之說한대 子ㅣ 曰不知也로라 知其說者之於天下也에 其如示諸斯乎인뎌하시고 指其掌하시다."라고 하였다.

또 『맹자』에서도 "선왕이 차마 어찌하지 못하는 마음이 있어서 이 차마 어찌하지 못하는 정치를 하시니, 차마 어찌하지 못하는 마음으로 차마 어찌하지 못하는 정치를 행하면, 천하를 다스림은 손바닥 위에서 운전하는 것이다.先王이 有不忍人之心하사 斯有不忍人之政矣시니 以不忍人之心으로 行不忍人之政이면 治天下는 可運之掌上이니라"라고 하여, 손바닥을 언급하고 있다.

이상에서 주공周公이 장례葬禮와 제례祭禮의 문물제도를 완성한 성인임을 알 수 있다.

▷ 제19장의 주공을 「계사하」 제2장의 「뇌천대장괘雷天大壯卦」로 풀다.

『중용』의 한자 읽기

志 뜻 지 = 十 + 一 + 心 : 십일의 마음이다.
繼 이을 계 = 糸 + 幺 4개 + 二 : 하늘의 사상을 잇다.
述 지을 술 = 辶 + 朮 : 뜻이 가고 멈추다.
陳 늘어놓을 진 = 阝 + 東 : 동쪽으로 늘어놓다.

제20장 ❶

政治
정치는 사람에게 있다

哀公이 問政한대
子ㅣ 曰文武之政이 布在方策하니
其人이 存則其政이 擧하고 其人이
亡則其政이 息이니라.
人道는 敏政하고 地道는 敏樹하니
夫政也者는 蒲盧也니라.
故로 爲政이 在人하니 取人以身이오
修身以道오 修道以仁이니라.
仁者는 人也니 親親이 爲大하고 義
者는 宜也니 尊賢이 爲大하니 親親
之殺와 尊賢之等이 禮所生也니라.
故로 君子ㅣ 不可以不修身이니 思
修身인댄 不可以不事親이오 思事
親인댄 不可以不知人이오 思知人
인댄 不可以不知天이니라.

애공이 정치를 물으신대
공자께서 말씀하시기를 문왕과 무왕의 정치가 방책에 펴 있으니, 그 사람이 있으면 그 정치가 행하고 그 사람이 없으면 그 정치가 사라진다.
인도는 정치에 빠르고 지도는 나무에 빠르니, 무릇 정

치라는 것은 갈대와 같은 것이다.
그러므로 정치를 함은 사람에 있으니 사람에게 취하되 몸으로써 하고, 몸을 닦되 도로써 하고, 도를 닦되 인으로써 한다.
인은 사람이니 어버이를 친히 함이 위대하고, 의는 마땅함이니 어진 이를 높임이 위대하니, 어버이를 친히 함의 강등과 어진 이를 높임의 등급에서 예가 생겨난 것이다.
그러므로 군자는 몸을 닦지 않을 수 없으니, 몸을 닦을 것을 생각할진댄 어버이를 섬기지 않을 수 없고, 어버이 섬김을 생각할진댄 사람을 알지 않을 수 없고, 사람을 알 것을 생각할진댄 하늘을 알지 않을 수 없다.

역해

제20장은 내용이 많기 때문에 다섯 부분으로 나누어서 설명하고자 한다.

정치 정政은 정正과 복攵으로, 바르게 지도하는 것이 정치이고, 『주역』에서는 「지수사괘地水師卦」에서 밝히고 있다. 사괘師卦에서는 "사는 곧음이니, 대인이라야 길하고 허물이 없다. 단에서 말하기를 사는 무리이고, 곧음은 바름이니, 대중을 능히 바르게 하면 왕도정치가 될 것이다.師는 貞이니 大人이라야 吉코 无咎하리라. 象曰師는 衆也오 貞은 正也니 能以衆正하면 可以王矣리라."라고 하여, 왕도정치를 언급하고 있다.

왕도정치의 근본 문제는 「지수사괘」 효사爻辭에서 밝히고 있는데, "상육은 대군이 천명이 있으니 나라를 열고 가정을 계승함에 소인은 쓰지 않는다. 상에서 말하기를 대군이 천명이 있음은 공을 바르게 하는 것이고, 소인은 쓰지 않음은 반드시 나라를 어지럽히기 때문이다.上六은 大君이 有命이니 開國承家에 小人勿用이니라. 象曰大君有命은 以正

功也오 小人勿用은 必亂邦也ㄹ새라."라고 하여, 천명을 받은 위대한 임금이 공을 바르게 하는 '정공正功'을 곁친다고 하였다.

정공론正功論에 대하여 『서경』에서는 "공경하거라! 오직 때가 하늘의 공을 돕는 것이다.欽哉, 惟時亮天功."라 하고, "세상에 영원히 힘입음은 이에 너의 공이니라.世永賴 時乃功."라고 하여, 하늘의 공功을 실천하는 것이 왕도王道임을 밝히고 있다. 『맹자』에서는 "지금의 은혜가 짐승에게 족히 미치고, 공이 백성들에게 이르지 않는 것은 홀로 어떠합니까? … 백성을 보호하지 않는 것은 은혜를 쓰지 않는 것이니, 왕께서 왕도정치를 하지 않는 것은 하지 않는 것이지 못하는 것이 아닌 것입니다.今에 恩足以及禽獸而功不至於百姓者는 獨何與잇고 … 百姓之不見保는 爲不用恩焉이니 故로 王之不王은 不爲也언정 非不能也니이다"라고 하여, 임금의 공이 백성들에게 바로 이르는 것이 왕도정치임을 밝히고 있다.

또 『맹자』에서 "말하기를 그대가 공을 통하여 일을 다스려 남는 것을 부족한 곳에 더하지 않으면 농부는 쌀이 남고 여자는 베가 남을 것이니, 그대가 만일 소통하면 장인들은 모두 그대에게서 쌀을 얻을 것이니日子 不通功易事하야 以羨補不足이면 則農有餘粟하며 女有餘布어니와 子如通之면 則梓匠輪輿 皆得食於子하리니"라고 하여, 왕도정치는 통공通功하는 것임을 논하고 있다.

사괘師卦 대상사에서는 "상에서 달하기를 땅 가운데 물이 있음이 사괘이니, 군자가 이로써 백성을 포용하고 더중을 기른다.象曰地中有水ㅣ 師니 君子ㅣ 以하야 容民畜衆하나니라."라고 하여, 정치가 백성들을 감싸서 기르는 것임을 밝히고 있다.

'문왕과 무왕의 정치가 방책方策에 펴 있다'는 것을 일반적으로 방方은 판자이고 책策은 죽간竹簡이라 하여, 옛날의 정치를 기록해 놓은 것이 있다는 것으로 해석하고 있다. 『주역』에서 방은 천원지방天圓地方으로 현상으로 전개되는 지도地道의 의미이고, 책策은 "건괘의 책수는 216이고 곤괘의 책수는 144이다. 무릇 360이니 기일期日에 해상되고, 두 편의 책수는 11,520인 만물의 수에 해당하니乾之策이 二百一十有六이오 坤之策이 百四十有四라 凡三百有六十이니 當期之日하고 二篇之策이 萬有一千五百二十이니 當萬物之數也하니"라고 하여, 책수策數로 천도天道의 의미를 가지고 있다. 따라서 문왕과 무왕의 정치는 천지지도天地之道가 펼쳐진 것으로, 이것을 자각하는 사람이 '그 사람[其人]'인 것이다.

'기인其人'은 「계사상」에서 "진실로 그 사람이 아니면 도는 헛되이 행해지지 않는다.苟非其人이면 道不虛行하나니라."와 「중산간괘」 괘사의 "그 등에서 그치면 그 몸을 얻지 못하며 그 뜰에서 행하여도 그 사람을 보지 못하여 허물이 없다.艮其背면 不獲其身하며 行其庭하야도 不見其人하야 无咎리라."라고 하여, 진리를 자각한 그 사람임을 알 수 있다.

'정치라는 것은 잘 자라는 갈대와 같다'는 「설괘」에서 "진괘는 창랑죽이 되고, 갈대가 되고震은 … 爲蒼筤竹 爲萑葦오"라고 하여, 포로蒲蘆는 진괘震卦로 성인을 상징하기 때문에 성인의 도를 근거로 하는 정치는 잘 자란다고 해석된다.

정치는 사람에게 있고, 사람은 닦아야 하고, 닦음은 진리로 해야 하고, 진리를 닦음은 인仁에 있음을 밝히고 있다. 인仁은 어버이를 친히 함에서 출발되고, 의義는 어진 이를 존숭함에서 출발되며, 어버이를 천히 하는 마음을 미루어서 다른 사람에게 미치고, 어진 이를 존숭함에도 등급이 있기 때문에 예禮가 있는 것이다. 여기서도 인의예지仁義禮智에서 지智는 가장 근원적 존자이기 때문에 말하지 않고 있다.

수신修身 - 사친事親 - 지인知人 - 지천知天의 네 마디에서 지인知人은『논어』에서 "공자께서 말씀하시기를 명을 알지 못하면 군자가 될 수 없고, 예를 알지 못하면 입지를 할 수 없고, 말씀을 알지 못하면 사람을 알지 못한다.孔子ㅣ 曰不知命이면 無以爲君子也오 不知禮면 無以立也오 不知言이면 無以知人也니라."라고 하여, 성인의 말씀을 알아야 사람의 마음을 알 수 있다고 하였다.

『서경』에서는 "고요가 말씀하시기를 아! 사람을 아는데 있으며 백성을 편안하게 하는데 있습니다. 우임금이 말씀하시기를 그렇다. 모두 이때와 같거늘 오직 순임금도 그것을 어려워하시니, 사람을 알면 밝음이라 관인을 능히 하고, 백성을 편안하게 하면 은혜라 백성들이 품는 것이니皐陶曰都라 在知人하며 在安民하니이다. 禹曰吁라 咸若時홀든 惟帝도 其難之러시니 知人則哲이라 能官人이며 安民則惠라 黎民이 懷之하리니"라고 하여, 사람을 아는 것이 밝음이라 하였다. 철학哲學은 명학明學으로 사람을 아는 것에 있는 것이다.

제29장에서는 "귀신에게 질정하여도 의심이 없는 것은 하늘을 아는 것이고, 백세에 성인을 기다려도 의혹되지 않음은 사람을 아는 것이다.質諸鬼神而無疑는 知天也오 百世以俟聖而不惑은 知人也니라."라고 하여, 지천知天은 귀신으로 논하고, 지인知人은 성인聖人으로 논하고 있다. 따라서 군자는 성인의 말씀을 근거하지 않고는 사람을 알 수

없고, 귀신을 알지 못하면 하늘을 알 수 없는 것이다.

▷ 제20장의 정치政治를 「지수사괘」의 정공正功으로 풀다.

『중용』의 한자 읽기

政 정사 정 = 正 + 攵 : 바름으로 다스리다.
敏 빠를 민 = 每 + 攵 : 매양 다스리다.
思 생각 사 = 田 + 心 : 마음의 밭이다.
息 쉴 식 = 自 + 心 : 스스로 마음이다.

제20장 ❷ 道德 도와 덕에 통달하다

天下之達道ㅣ 五에 所以行之者는 三이니 曰君臣也父子也夫婦也昆弟也朋友之交也五者는 天下之達道也오 知仁勇三者는 天下之達德也니 所以行之者는 一也니라. 或生而知之하며 或學而知之하며 或困而知之하나니 及其知之하야는 一也니라 或安而行之하며 或利而行之하며 或勉强而行之하나니 及其成功하야는 一也니라.
子ㅣ 曰好學은 近乎知하고 力行은 近乎仁하고 知恥는 近乎勇이니라. 知斯三者則知所以修身이오 知所以修身則知所以治人이오 知所以治人則知所以治天下國家矣리라.

천하에 통하는 도가 다섯인데 이것을 행하는 것은 셋이니, 임금과 신하·아버지와 자식·남편과 아내·형과 아우·친구와 친구의 사귐이 다섯 가지로 천하에 통한 도이고, 지·인·용 세 가지는 천하에 통하는 덕이니,

이것을 행하는 것은 하나인 것이다.

혹은 나면서 이것을 알고, 혹은 배워서 이것을 알고, 혹은 곤궁해서 이것을 아니, 그 앎에 미쳐서는 하나인 것이다. 혹은 편안히 이것을 행하고, 혹은 이롭게 이것을 행하고, 혹은 굳세게 힘써 이것을 행하니, 그 성공에 미쳐서는 하나인 것이다.

공자께서 말씀하시기를 학문을 좋아함은 지智에 가깝고, 힘써 행함은 인仁에 가깝고, 부끄러움을 앎은 용勇에 가깝다.

이 세 가지를 알면 몸을 닦는 것을 알고, 몸을 닦는 것을 알면 다른 사람을 다스리는 것을 알고, 다른 사람을 다스리는 것을 알면 천하와 국가를 다스리는 것을 알 것이다.

역해

제20장 2절은 달도達道와 달덕達德을 논하고 있다. 달도는 우리의 구체적인 삶의 도리를 논한 것이라면, 삼달덕三達德은 우리가 가지고 있는 내면의 덕을 밝힌 것이다. 먼저 달도達道의 다섯 가지는 부자유친父子有親·군신유의君臣有義·부부유별夫婦有別·장유유서長幼有序·붕우유신朋友有信의 오륜五倫과 일치한다.

오륜은 『서경』의 오교五敎에 근거하고 있다. 『서경』에서는 "순임금이 말씀하시기를 설契아, 백성들이 친하지 않고 오품이 겸손하지 않으니, 너는 사도가 되어 오교五敎를 공경히 펴고 관대함이 있게 하라.帝曰契 百姓不親 五品不遜. 汝作司徒 敬敷五敎 在寬." 또한 "오형五刑을 밝히고 오교五敎를 도와서 나의 다스림을 기약해라.明于五刑 以弼五敎 期于予治."라고 하여, 순임금께서 설을 사도현 교육부장관로 임명하여 다섯 가지 가르침을 베풀게 하였다.

『맹자』에서는 "후직이 백성에게 농사법을 가르쳐서 오곡을 심어서 가꾸신대, 오곡이 익어서 백성이 자라니, 사람의 도가 있음에 배불리 먹고 옷을 따뜻이 입고 편안하게 거처하고, 가르침이 없으면 짐승에 가까운 것이니, 성인이 근심하여 설契로 하여금 사도로 하여 인륜을 가르치시니, 부자유친이며, 군신유의며, 부부유별이며, 장유유서며, 붕우유신이니라.后稷이 教民稼穡하야 樹藝五穀한대 五穀이 熟而民人이 育하니 人之有道也애 飽食煖衣하야 逸居而無敎면 則近於禽獸일새 聖人이 有憂之하샤 使契爲司徒하야 敎以人倫하시니 父子有親이며 君臣有義며 夫婦有別이며 長幼有序며 朋友有信이니라"라고 하여, 오륜을 밝히고 있다.

오륜은 봉건시대의 윤리규범이나 통치 이데올로기가 아니라 인간 삶의 근본 원리로 내가 살아가는 다섯 가지 길이다. 일반적으로 삼강오륜三綱五倫이 유학의 윤리관이라 하여 같이 사용하지만, 성인이 밝힌 오륜과 한대漢代 동중서董仲舒가 지어낸 삼강三綱과는 구분되어야 한다.

부위부강夫爲婦綱·군위신강君爲臣綱·부위자강父爲子綱에서 벼리 강綱은 그들의 코와 같이 마음대로 좌지우지할 수 있다는 것이다. '남편이 아내의 벼리가 된다'는 것과 '남편과 아내는 분별이 있다'는 것은 본질적으로 다르다. 삼강은 유학의 근본정신을 왜곡하여 통치자의 지배 이데올로기로 만들어진 것이고, 한대漢代 이후 동북아의 위정자爲政者들이 이용해 온 관념이다.

지금 우리가 알고 있는 유학은 선진시대의 성인이 밝힌 내용과는 거리가 있고, 이후에 왜곡되거나 타락된 것이 많다. '공자가 죽어야 나라가 산다'는 이야기의 의미는 수용하면서도, 공자가 우리에게 전해준 말씀이 무엇인지에 대한 고찰은 빠져 있다. 공자를 죽이기 위해서는 공자가 말씀한 것이 무엇인지를 먼저 알아야 할 것이다.

『주역』의 입장에서 오륜의 의미를 설명하면, 먼저 '어버이와 자식은 친함이 있다[父子有親]'는 사덕四德에서 인仁에 배치되어 인간 삶의 근본이 된다. 친親의 의미를 보면, 「중천건괘」에서 "하늘에 근본을 둔 사람은 하늘과 친하고, 땅에 근본을 둔 사람은 아래와 친하나니, 즉 각각 그 류類를 따르는 것이다.本乎天者는 親上하고 本乎地者는 親下하나니 則各從其類也니라."라 하고, 「계사상」에서 "건괘가 쉬움으로써 알고 곤괘가 간단함으로써 능하니, 쉬우면 쉽게 알고 간단하면 쉽게 좇고, 쉽게 알면 친함이 있고, 쉽게 좇으면 공이 있고乾以易知오 坤以簡能이니 易則易知오 簡則易從이오 易知則有親이오 易從則有功이오"라고 하여, 친親은 상하의 관계이고, 하늘의 뜻을 담고 있는 건도乾道의 의미를 가지고 있다. 즉, 부모는 나를 낳아준 실존하는 하늘의 뜻을 가지고 있어서 부모와 자식은 마디가 다르다는 것이 친親의 의미이다.

또 『대학』에서는 "다른 사람의 자식이 되어서는 효에서 그치시고, 다른 사람의 부모가 되어서는 자애에서 그치시고爲人子엔 止於孝하시고 爲人父엔 止於慈하시고"라고 하여, 부모가 자식을 사랑으로 기르고 자식이 부모에게 효도하는 것은 자기가 처해진 자리에서 도를 다하는 것이다. 이것은 서로 상대적 관계성이 아니라 절대적 관계인 것이다. 남의 집 자식이 되고, 남의 부모가 된다는 것은 그 사람에게 주어진 천명天命이다. 아버지가 나를 미워했다고 어른이 되어서 똑같이 미워하는 것이 아니고, 자식이 어리석고 사고뭉치라도 자식을 사랑으로 길러야 하는 천명이 부모에게 주어진 것이다.

다음으로 '임금과 신하 사이에는 의리가 있다[君臣有義]'는 의義에 해당하는 것으로, 현대인의 직장 생활의 의미를 밝히는 것이다. 사회 생활은 의리義理와 정의正義를 실천하는 장이 되어야 한다. 의義는 양 羊과 아我로, 양은 백성을 의미하고 민심이 천심이기 때문에 나를 하늘의 뜻에 두는 것이다.

'남편과 아내 사이에는 분별이 있다[夫婦有別]'는 지智에 배치되고, 별別은 차별이 아니라 분별이며, 혼인婚姻의 의미를 생각할 수 있다. 앞의 제15장에서 '군자의 도는 부부夫婦에서 실마리가 지어진다'는 것의 부부는 남녀男女와는 다른 차원의 인격적 관계라고 하였다.

『예기』에서는 "혼례婚禮는 예의 근본이고, 인륜의 위대한 일이다. 婚禮는 禮之本也요 人倫之大事也라"라고 하여, 관冠·혼婚·상喪·제祭의 네 가지 큰일 가운데 혼례의 의미를 밝히고 있다. 즉, 결혼은 인간의 인격적 관계 맺음의 시작으로 가정은 물론 국가사회를 이루는 근본이기 때문에 인륜의 위대한 일이고, 또 혼인은 나의 영원한 생명人格的·生理的을 이어가는 것으로 천지 부모가 나를 낳아주고 길러준 사랑을 계승해 갈 수 있다. 그리고 부고의 뜻을 받들어 자손을 낳아 이어감으로써 효의 근본을 세우는 것이다.

다음으로 '어른과 아이는 차례가 있다[長幼有序]'는 예禮에 해당되고, 서序는 엄广과 여予로, 나의 삶을 생각하면 하늘이 나누어 준 차례를 생각해야 한다. 먼저 태어남과 뒤에 태어남은 주어진 시간이 다름이고, 주어진 사명도 다른 것이다.

마지막으로 '친구 사이에는 믿음이 있다[朋友有信]'는 사덕四德을 포괄하는 의미인 믿음으로, 신信은 인亻과 언言으로, 성인의 말씀을 믿는 것이다.

『논어』에서는 '친구는 믿음을 근본으로 하며 가려서 사귀어야 한다 友는 擇而交之니라'고 하고, 또 "더하는 친구 세 명이니, 친구가 정직하고, 친구가 어질고, 친구가 들은 것이 많으며, 더는 친구 세 명이니, 친구가 편벽되고, 친구가 잘 굽고, 친구가 말 재주만 있으니益者 三友요 友直하며 友諒하며 友多聞하며, 損者 三友요 友便辟하며 友善柔하며 友便佞하니"라고 하였다.

이 문장을 해석함에 있어서, 다른 사람을 대상화하여 어떤 친구는 이익이 되고 어떤 친구는 손해가 된다는 것으로 이해하는 것은 성인의 말씀을 모욕하는 것이다. 더할 익益과 덜 손損은 『주역』의 「풍뢰익괘風雷益卦」와 「산택손괘山澤損卦」의 괘 이름으로 그 의미를 생각해야 한다. 즉, '더하는 친구'는 바로 내가 정직하고·어질고·똑똑하게 공부하면 하늘의 뜻이 내 마음에 더해진다는 것이고, '더는 친구'는 내가 편벽되고·잘 굽고·말 재주만 있으면 내 마음에 하늘의 뜻이 덜어지는 것이다. 자기를 닦는 입장에서 친구는 나의 거울이다. 따라서 어떠한 친구와 사귀는지를 살피는 것은 자기성찰의 근본이다. 대체로 유유상종類類相從이기 때문에 친구를 통해 자신의 모습을 헤아려 보는 노력이 필요하다.

한편 지인용智仁勇 삼달덕三達德에서 용勇은 의용義勇으로 인의예지仁義禮智 사덕四德에서 예와 의를 모두 포괄하는 의미를 담고 있다. 『논어』에서 "의를 보고 하지 않는 것이 용기가 없는 것이다見義不爲ㅣ無勇也니라.", "용감하고 예가 없으면 난잡하고勇而無禮則亂하고", "군자가 용감하고 의가 없으면 어지러움이 되고君子ㅣ 有勇而無義면 爲亂이오"라고 하여, 예의禮義와 함께 사용하고 있다.

천하의 달도達道를 행하는데 세 가지가 있다고 하고, 뒤에서는 '그것을 알고[知之]'와 '그것을 행하고[行之]'를 각각 세 가지로 논하고 있다. 앞의 행行은 근본이 되고, 이것이 지지知之와 행지行之로 드러나게 되는 것이다. 태극이 음양陰陽으로 작용하는 것과 같다.

호학好學·역행力行·지치知恥는 「중천건괘」의 "군자가 배움으로써 모으고 물음으로써 분별하고, 너그러움으로써 거하고 인으로써 행하니君子ㅣ 學以聚之하고 問以辨之하며 寬以居之하고 仁以行之하나니"와 서로 대응되고 있다.

인간 본성을 알면 수신修身을 알고, 수신을 알면 치인治人을 알고, 치인을 알면 치천하국가를 아는 것이니, 학문과 우리의 삶은 본성의 자각이 근본이 되는 것이다.

제20장 ①의 구절이 수신修身에서 사친事親, 사친에서 지인知人, 지인에서 지천知天으로 나아간 것이 『대학』의 팔조목에서 성의정심誠意正心고- 격물치지格物致知를 말한 것이라면, 이 구절에서 지인용智仁勇 삼달덕은 수신제가修身齊家와 치국평천하治國平天下의 의미임을 알 수 있다.

▷ 제20장의 달도達道와 달덕達德을 오륜五倫과 사덕匹德으로 풀다.

『중용』의 한자 읽기

勉 힘쓸 면 = 免 + 力 : 힘쓰다.
達 통달할 달 = 辶 + 幸 + 一 : 하나로 통하다.
勇 날랠 용 = 厶 + 田 + 力 : 내 마음에 힘쓰다.
恥 부끄러울 치 = 耳 + 心 : 귀의 마음이다.

세상을 다스리다

제20장 ❸

凡爲天下國家ㅣ 有九經하니 曰 修身也와 尊賢也와 親親也와 敬大臣也와 體群臣也와 子庶民也와 來百工也와 柔遠人也와 懷諸候也니라

修身則道立하고 尊賢則不惑하고 親親則諸父昆弟ㅣ 不怨하고 敬大臣則不眩하고 體群臣則士之報禮ㅣ 重하고 子庶民則百姓이 勸하고 來百工則財用이 足하고 柔遠人則四方이 歸之하고 懷諸侯則天下ㅣ 畏之니라.

齊明盛服하야 非禮不動은 所以修身也오 去讒遠色하며 賤貨而貴德은 所以勸賢也오 尊其位하며 重其祿하며 同其好惡는 所以勸親親也오 官盛任使는 所以勸大臣也오 忠信重祿은 所以勸士也오 時使薄斂은 所以勸百姓也오 日

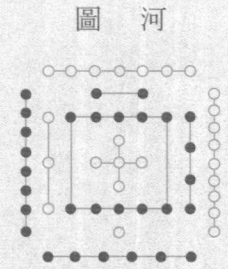

圖河

省月試하야 旣稟稱事는 所以勸百工也오 送往迎來하며 嘉善而矜不能은 所以柔遠人也오 繼絶世하며 擧廢國하며 治亂持危하며 朝聘以時하며 厚往而薄來는 所以懷諸侯也니라

凡爲天下國家ㅣ 有九經하니 所以行之者는 一也니라.

무릇 천하와 국가를 다스림에 구경九經이 있으니 몸을 닦음과 어진 이를 높임과 친척을 친히 함과 대신을 공경함과 여러 신하를 몸같이 함과 여러 백성을 자식같이 함과 백공을 오게 함과 먼 사람을 회유함과 제후를 품어주는 것이다.

몸을 닦으면 도가 서고, 어진 이를 높이면 의혹이 없고, 친척을 친히 하면 제부와 형제들이 원망하지 않고, 대신을 공경하면 혼란하지 않고, 여러 신하를 몸같이 하면 선비들의 보답하는 예가 중요하고, 여러 백성들을 자식같이 하면 백성들이 근면하고, 백공을 오게 하면 재용이 넉넉하고, 먼 사람을 회유하면 사방이 돌아오고, 제후를 품으면 천하가 두려워한다.

밝음을 가지런히 하고 옷을 성대하게 하여 예가 아니면 움직이지 않는 것은 몸을 닦는 것이고, 참소를 제거하고 색을 멀리하며 재물을 천히 하고 덕을 귀하게 함은 어진 이를 권면하는 것이고, 그 지위를 높이고 그 녹을 무겁게 하며 좋아하고 싫어함을 함께 함은 친척을 친히 함을 권면하는 것이고, 관직을 성하게 하고 임무에 맡게 부림은 대신을 권면하는 것이고, 믿음을 충성스럽게 하고 녹을 무겁게 하는 것은 선비를 권면하는 것이고, 철에 따라 부역을 시키고 세금을 적게 함은 백성을 권면하는 것이고, 날로 살피고 달로 시험하여 일에 따라 창고에서 녹을 줌은 백성을 권면하는 것이고, 가는 이를 전송하고 오는 이를 맞이하여 선을 아름답게 하고 능하지 못한 이를 가엾게 여김은 멀리 사람을 회유하는 것이고, 끊어진 세대를 잇고 폐망한 나라를 일으켜 주며 어지러운 나라를 다스리고 위태로움을 잡아주며 조회와 초빙을 때에 따라 하고 가는 것은 후하게 하고 오는 것은 박하게 함은 제후들을 품는 것이다.

무릇 천하와 국가를 다스림에 구경이 있으니, 이것을 행하는 것은 하나이다.

역해

제20장의 구경九經은 천하와 국가를 다스리는 아홉 개의 상도常道이다.

『중용』의 구경九經은 『서경』의 홍범구주洪範九疇와 같은 맥락이다. 「홍범」에서는 "처음 하나는 오행五行이고, 다음 둘은 오사五事를 공경히 쓰고, 다음 셋은 팔정八政을 힘써 쓰고, 다음 넷은 오기五紀를 협력하여 쓰고, 다음 다섯은 황극皇極을 세워서 쓰고, 다음 여섯은 삼덕三德을 다스려 쓰고, 다음 일곱은 계의稽疑를 밝게 쓰고, 다음 여덟은 서징庶徵을 생각하여 쓰고, 다음 아홉은 오복五福을 향해서 씀과 육극六極을 위엄으로 쓴다.初一曰五行, 次二曰敬用五事, 次三曰農用八政, 次四曰協用五紀, 次五曰建用皇極, 次六曰乂用三德, 次七曰明用稽疑, 次八曰念用庶徵, 次九曰嚮用五福 威用六極."라고 하여, 홍범구주의 떳떳한 인륜을 밝히고 있다.

또 「홍범」에서는 기자箕子가 무왕에게 홍범구주를 이야기하기 전에 우임금의 아버지 곤鯀이 홍수를 다스리는데 오행五行원리를 어겨서 실패하자 귀양을 보낸 것과 우임금이 오행원리에 따라 치산치수治山治水를 성공하고 홍범구주로 세상을 다스렸다고 하였다.

구결의 9는 『주역』에서 수리數理를 통해 진리를 드러내는 하도河圖와 낙서洛書의 원리로 이해할 수 있다.

하도는 1에서 10까지 수가 다섯 자리에서 음양이 합덕된 1·6 수水, 2·7 화火, 3·8 목木, 4·9 금金, 5·10 토土로 오행원리를 드러내고 있다. 하도는 5를 본체로 6(1) → 7(2) → 8(3) → 9(4) → 10(5)로 작용하는 체오용육體五用六을 표상하고 있다. 5를 본체로 한다는 것은 인도人道를 중심으로 한다는 것이고, 현상 세계의 이치를 담고 있다는 것이다. 즉, 현상 세계에 존재하는 모든 것은 음양이 합덕된 것이며, 그것은 오행원리로 전개되는 것이다.

반면에 낙서는 1에서 9까지의 수가 음과 양이 각각 분리된 9(1) 태양·8(2) 소음·7(3) 소양·6(4) 태음의 사상四象원리를 드러내고 있다. 낙서는 하도의 마지막 수인 10무극을 본체로 9(1) → 8(2) → 7(3) → 6(4) → (5)로 작용하는 체십용구體十用九를 표상하고 있다. 10을 본체로 한다는 것은 천도天道를 중심으로 한다는 것이고, 근원적 세계의 이치를 표상한다는 것이다. 즉, 근원적 세계는 음과 양이 분리되어 '한번은 음으로 작용하고 한번은 양으로 작용하는' 사상원리임을 알 수 있다. 하도河圖와 낙서洛書는 제24장의 '시귀蓍龜'에서 자세히 설명하고자 한다.

일반적으로 「홍범」에 등장하는 우임금이 전통적으로 낙서를 발명한 분이고, 또 낙서의 9수와 구경의 9가 서로 같기 때문에 『중용』의 구경九經을 해석하면서, 『서경』의 홍범구주나 『주역』의 낙서와 연계시켜 설명하였다.

그러나 구경九經은 천하와 국가를 다스리는 상도常道이고, 『서경』 「홍범」에서는 앞에서 오행원리를 말하고 있기 때문에 하도河圖의 이치로 풀어지게 된다. 또 하도와 낙서는 서로 체용의 관계로, 낙서를 체로 하도가 작용하는 것이기 때문에 현상 세계의 이치인 하도의 오행원리를 해석해야 한다.

이에 구경을 오행으로 정리하면, 다음과 같은 그림이 된다.

```
           尊賢
           來百工


  親親              敬大臣
  柔遠人    體君臣    懷諸侯


           修身
           子庶民
```

또한 구경九經은 군자가 실천한 것이기 때문에 인의예지仁義禮智 사덕으로 대응할 수 있다. 수신修身은 지智, 존현尊賢은 예禮, 친친親親은 인仁, 경대신敬大臣은 의義이고, 다섯 번째에 체군신體君臣은 본체本體이고, 또 5가 오황극五皇極의 의미를 가지고 있기 때문에 몸으로만 해석하는 것은 조금 아쉬움이 남는다. 자서민子庶民은 지智, 내백공來百工은 예禮, 유원인柔遠人은 인仁, 회제후懷諸侯는 의義에 대응된다.

위의 내용을 사상철학의 인의예지 배치를 통해 그림으로 그리면 다음과 같다.

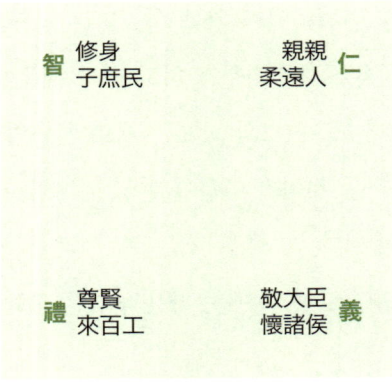

이에 사상인의 인사유사人事有四에 대응해서 설명하면, 인仁의 친친親親과 유원인柔遠人은 태음인의 거처居處이고, 지智의 수신修身과 자서민子庶民은 소양인의 사무事務이고, 예禮의 존현尊賢과 내백공來百工은 태양인의 교우交遇이고, 의義의 경대신敬大臣과 회제후懷諸侯는 소음인의 당여黨與라 하겠다.

『동의수세보원』 제1권 「성명론」에서는 천도天道의 작용을 천기유사天機有四라 하고, 이것이 인간 본성으로 작용되는 것이 인사유사이기 때문에 구경九經과 연계되는 것이다.

이에 구경九經을 통해 사상인이 확충해야 할 지점을 보면, 태음인은 사무事務를 잘하지 못하기 때문에 밝음을 가지런히 하고 옷을 성대하게 하여 예가 아니면 움직이지 않는 몸의 닦음이 필요하며, 철에 따라 부역을 시키고 세금을 적게 하여 백성을 권면하는 것이 필요한 것이다. 반대로 소양인은 거처居處를 잘하지 못하기 때문에 그 지위를 높이고 그 녹을 무겁게 하며 좋아하고 싫어함을 함께 함은 친척을 친히 하는 것이 필요하며, 가는 이를 전송하고 오는 이를 맞이하여 선을 아름답게 하고 능하지 못한 이를 가엾기 여겨 멀리 있는 사람을 회유하는 것이 필요한 것이다.

태양인은 당여를 잘하지 못하기 때문에 관직을 성하게 하고 임무에 맡게 부려서 대신을 권면하는 것이 필요하며, 끊어진 세대를 잇고 폐망한 나라를 일으켜 주며 어지러운 나라를 다스리고 위태로움을 잡아주며 조회와 초빙을 때에 따라 가는 것은 후하게 하고 오는 것은 박하게 하여 제후를 품는 것이 필요한 것이다. 반대로 소음인은 교우를 잘하지 못하기 때문에 참소를 제거하고 색을 멀리하며 재물을 천히 하고 덕을 귀하게 하여 어진 이를 권면하는 것이 필요하며, 날로 살피고 달로 시험하여 일에 따라 창고에서 녹을 주어 백성을 권면하는 것이 필요한 것이다.

한편 구경의 이치를 통해「홍범」의 홍범구주를 오행의 그림으로 그리면 다음과 같다.

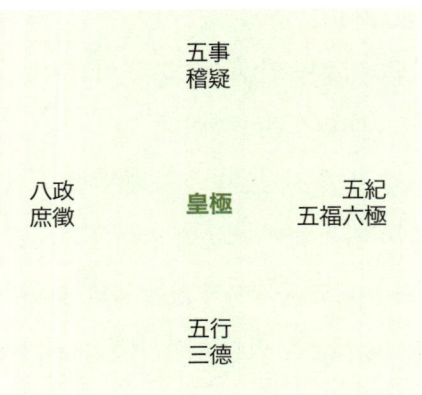

다시 『서경』의 홍범구주를 사상인의 인의예지에 대응하면 다음과 같은 그림이 된다.

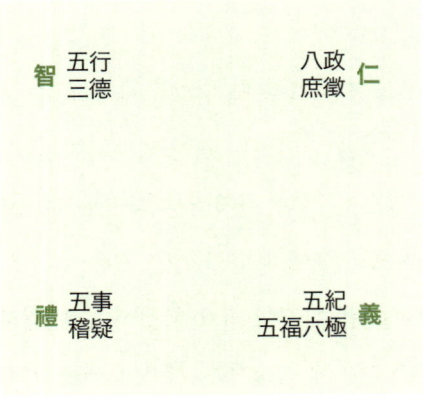

이어 홍범구주를 사상인의 마음작용에 연계하여 설명하면, 태음인은 팔정八政과 서징庶徵은 잘하지만, 오행五行과 삼덕三德은 잘하지 못하고, 소양인은 반대로 오행과 삼덕은 잘하고 팔정과 서징은 잘하지 못하며, 태양인은 오사五事와 계의稽疑는 잘하지만, 오기五紀와 오복五福·육극六極은 잘하지 못하며, 소음인은 반대로 오기와 오복·육극은 잘하고, 오사와 계의는 잘하지 못하는 것이다.

이에 「홍범구주」의 내용을 통해 사상인의 잘함과 잘하지 못함을 간략히 서술하면 다음과 같다.

첫 번째, 오행은 수·화·목·금·토이고, 물은 적시고 내려가고, 불은 타고 올라가고, 나무는 굽고 곧고, 쇠는 따르고 바뀌고, 흙은 심고 거두는 것이며, 윤하潤下는 짠 것이고, 염상炎上은 쓴 것이고, 곡직曲直은 신 것이고, 종혁從革은 매운 것이고, 가색稼穡은 단 것이다. (소양인 잘함, 태음인 잘하지 못함)

두 번째, 오사는 모·언·시·청·사이고, 모양은 공손이고, 말은 따름이고, 봄은 밝음이고, 들음은 총명이고, 생각은 슬기이며, 공손은 엄숙함이고, 따름은 다스림이고, 밝음은 지혜이고, 총명은 도모함이고, 슬기는 성스러움이다. (태양인 잘함, 소음인 잘하지 못함)

세 번째, 팔정은 먹는 것·재화·지사·사공司空·사도司徒·사구司寇·손님·군대이다. (태음인 잘함, 소양인 잘하지 못함)

네 번째, 오기는 세歲·월月·일日·성신星辰 역수曆數이다. (소음인 잘함, 태양인 잘하지 못함)

다섯 번째, 황극皇極은 임금이 그 극을 세움이 있다.

여섯 번째, 삼덕은 정직正直·강극剛克·유극柔克이다. 편안하고 강직함은 정직이고, 경계를 두고 벗하지 않음은 강극이고, 고명함은 유극이다. (소양인 잘함, 태음인 잘하지 못함)

일곱 번째, 계의는 복서卜筮인을 세워서 복서를 하는 것이다. 비오고, 개고, 덥고, 역참이고, 이기고, 곧고, 후회이다. (태양인 잘함, 소음인 잘하지 못함)

여덟 번째, 서징은 비오고, 햇볕 나고, 덥고, 춥고, 바람 불 때이다. 아름다운 징험은 엄숙함에 때에 맞게 비가 오는 것과 다스림에 때에 맞게 더운 것과 밝음에 때에 맞게 따뜻함과 도모함에 때에 맞게 추운 것과 성스러움에 때에 맞게 바람이 부는 것과 같다. 재앙의 징험은 미침에 항상 비가 오는 것과 어긋남에 항상 더운 것과 즐김에 항상 따뜻함과 급함에 항상 추운 것과 몽매함에 항상 바람이 부는 것과 같다. (태음인 잘함, 소양인 잘하지 못함)

아홉 번째, 오복은 장수·부함·편안함·덕을 좋아함·명을 마침을 생각함이고, 육극은 단절·질병·근심·가난·악함·유약이다. (소음인 잘함, 태양인 잘하지 못함)

▷ 제20장의 구경九經은 하도河圖의 오행五行원리로 풀다.

『중용』의 한자 읽기

群 무리 군 = 君 + 羊 : 지도자와 백성의 무리이다.
經 씨줄 경 = 糸 + 巠 : 하늘이 흐르다.
惑 미혹할 혹 = 或 + 心 : 혹한 마음이다.
敬 공경할 경 = 苟 + 攵 : 진실하게 다스리다.

제20장 ④

정성은 하늘의 길이다

凡事ㅣ 豫則立하고 不豫則廢하나니 言前定則不跲하고 事前定則不困하고 行前定則不疚하고 道前定則不窮이니라.
在下位하야 不獲乎上이면 民不可得而治矣리라 獲乎上이 有道하니 不信乎朋友ㅣ면 不獲乎上矣리라 信乎朋友ㅣ 有道하니 不順乎親이면 不信乎朋友矣리라 順乎親이 有道하니 反諸身不誠이면 不順乎親矣리라 誠身이 有道하니 不明乎善이면 不誠乎身矣리라.
誠者는 天之道也오 誠之者는 人之道也니 誠者는 不勉而中하며 不思而得하야 從容中道하나니 聖人也오 誠之者는 擇善而固執之者也니라.

모든 일은 미리 하면 성립되고 미리 하지 않으면 폐하나니, 말은 앞서서 정하면 넘어짐이 없고, 일은 앞서서 정

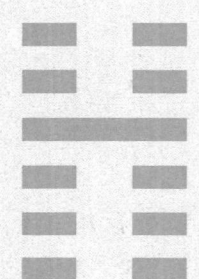

하면 곤궁하지 않고, 행동은 앞서서 정하면 병들지 않고, 말씀은 앞서서 정하면 궁하지 않다. 아랫자리에 있으면서 윗사람에게 얻지 못하면 백성을 얻어서 다스리지 못한다. 윗사람에게 얻음이 방법이 있으니 붕우에게 믿음을 얻지 못하면 윗사람에게 얻지 못하는 것이다. 붕우에게 믿음을 얻는 방법이 있으니 어버이에게 순응하지 않으며 붕우에게 믿음을 얻지 못하는 것이다. 어버이에게 순응하는 방법이 있으니 자신에 돌이켜서 정성하지 못하면 어버이에게 순응하지 못하는 것이다. 자신을 정성스럽게 하는 방법이 있으니 선에 밝지 못하면 자신에 정성스럽지 못한 것이다.

정성은 하늘의 도이고, 정성스럽게 하는 것은 사람의 도이니, 정성은 힘쓰지 않아도 적중하며 생각하지 않아도 얻어서 용容을 좇고 도에 적중하니 성인이고, 정성스럽게 하는 것은 선을 택하여 굳게 잡는 것이다.

역해

미리 예豫는 여予와 상象으로, 내가 상象을 보고 미리 예견하는 것이다. 예豫는 64괘 가운데 16번째 「뇌지예괘雷地豫卦」의 이름이다. 예괘豫卦 괘사에서는 "예는 후를 세워 군사를 행하는 것이 이롭다.豫는 利建侯行師하니라."라 하고, 단사에서는 "천지가 순으로 움직이는 까닭으로 해와 달이 지나가지 않고 사시가 어긋나지 않고, 성인이 순으로 움직이면 형벌이 맑고 백성이 복종하니 예괘의 시의時義가 위대하다.天地ㅣ 以順動이라 故로 日月이 不過而四時ㅣ 不忒하고 聖人이 以順動이라 則刑罰이 淸而民이 服하나니 豫之時義ㅣ 大矣哉라."라고 하여, 천지일월과 성인이 순으로 움직이는 것에 바탕을 두는 것이 예괘임을 논하고 있다.

네 가지 미리 정하는 것은 말씀·일·행동·방법인데, 사事는 행行에, 도道는 언言에 합해져서 군자의 언행言行으로 요약된다. 겁跲과 구

疚, 곤困과 궁窮이 짝이 된다. 넘어질 겁跲은 족足과 합合으로, 발과 만나는 것이니 넘어지는 것이고, 곤할 곤困은 구口와 목木으로, 나무가 갇히니 곤궁한 것이고, 병들 구疚는 녁疒과 구久로, 오래 병들어 있는 것이고, 궁할 궁窮은 구멍 혈穴과 몸 궁躬으로, 몸을 구멍에 의탁한 것이다.

모든 일에서 논의된 불예不豫·불겁不跲·불곤不困·불구不疚·불궁不窮은 다섯 가지로 오행의 이치에 따라 그림으로 그릴 수 있다.

```
            不困                        不跲
不跲   不豫   不疚   혹은   不困   不窮   不疚
            不窮                        不豫
```

다음의 불획不獲·불신不信·불순不順·불성不誠·불명不明과 '도 있음有道'을 네 번 말씀하여, 오행으로 전개됨을 밝히고 있다.

정성 성誠은 언言과 성成으로, 말씀이 이루어지는 것이다.「설괘」에서는 "간괘는 동북의 괘이니 만물의 마침을 이루고 시작을 이루는 것이기 때문에, 그러므로 간에서 말씀이 이루어진다고 말한다.艮은 東北之卦也니 萬物之所成終而所成始也일새 故로 曰成言乎艮이라."라고 하여, 간괘艮卦와 연계시키고 있다. 동북 간방艮方에서 성인지도聖人之道가 드러나고 이루어진다는 의미를 담고 있다.

『중용』의 핵심적 개념인 성誠을「중천건괘」에서는 "떳떳한 행동을 삼가여 삿된 것을 막고 그 정성을 보존하며庸行之謹하야 閑邪存其誠하며"."말씀을 닦아서 그 정성을 세움이 사업에 거처하는 것이다.修辭立其誠이 所以居業也라"라고 하여, 『중용』이『주역』의「중천건괘」구이효九二爻에 직접적인 근거를 두고 있음을 알 수 있다.

정성을 하늘의 도道라고 하였는데,「지택임괘」에서는 "정도로써 크게 형통하니 하늘의 도이기 때문이다.大亨以正하니 天之道也일새라."라 하고,『설괘』에서는 "이로써 하늘의 도를 세워서 음과 양이라 하고是以立天之道曰陰與陽이오"라고 하여, 두 번 언급되고 있다. 즉, 천지도天之道는 음양으로 작용하고, 정도로써 크게 형통한 것임을 알 수있다.

또 천도天道를「지산겸괘」에서는 "단에서 말하기를 겸손이 형통함은 천도가 아래로 건너서 밝음이 빛나고, 지도는 낮지만 위로 행하니, 천도는 가득 찬 것은 이지러뜨리고 겸손은 더하고,彖曰謙亨은 天道ㅣ 下濟而光明하고 地道ㅣ 卑而上行이니 天道는 虧盈而益謙하고"라 하고, 『서경』에서는 "가득 찬 것은 덤을 부르고 겸손은 더함을 부르니 이것이 천도이다.滿招損 謙受益 時乃天道."라고 하여, 천도는 겸손을 좋아함을 알 수 있다.

따라서 정성과 겸손은 하나의 이치로 인간의 도덕적 품성을 의미하는데, 겸손은 자기를 낮추는 것이고, 정성은 지속적으로 이루어가는 것이라 하겠다.

마지막의 선善은 「계사상」에서 "한번 음으로 작용하고, 한번 양으로 작용하는 것을 도道라고 하고, 계승한 것을 선善이라 하고, 이룬 것을 성性이라 한다.一陰一陽之謂ㅣ 道니 繼之者ㅣ 善也오 成之者ㅣ 性也라."라고 하여, 천도天道의 음양 작용이 인간 본성으로 내재화된 것이다.

▷ 제20장의 성誠은 「중천건괘」 문언의 구이효九二爻로 풀다.

『중용』의 한자 읽기

豫미리 예 = 予 + 象 : 내가 상으로 미리하다.
窮다할 궁 = 穴 + 躬 : 몸이 구멍에 있다.
誠정성 성 = 言 + 成 : 말씀이 이루어지다.
從좇을 종 = 彳 + 人 2개 + 止 : 두 사람이 가다 그치다.

제20장 ⑤ 나는 천 번을 한다

博學之하며 審問之하며 愼思之하며 明辨之하며 篤行之니라.
有弗學이언정 學之인댄 弗能을 弗措也하며 有弗問이언정 問之인댄 弗知를 弗措也하며 有弗思언정 思之인댄 弗得을 弗措也하며 有弗辨이언정 辨之인댄 弗明을 弗措也하며 有弗行이언정 行之인댄 弗篤을 弗措也하야 人一能之어든 己百之하며 人十能之어든 己千之니라.
果能此道矣면 雖愚나 必明하며 雖柔나 必强이니라.

널리 배우며, 자세히 물으며, 신중히 생각하며, 밝게 분별하며, 돈독히 행한다.
배우지 않음이 있을지언정 배울진댄 능하지 않음을 두지 말며, 묻지 않음이 있을지언정 물음엔 알지 못함을 두지 말며, 생각하지 않음이 있을지언정 생각함엔 얻지 못함을 두지 말며, 분별하지 않음이 있을지언정 분별함엔 밝지 않음을 두지 말며, 행하지 않음이 있을지언정 행함엔 돈독하지 않음을 두지 말아서 다른 사람이 한 번에 능하거든 나는 백 번하며 사람이 열 번에 능하거든 나는 천 번한다.

과연 이 방법을 능히 하면, 비록 어리석으나 반드시 밝아지며, 비록 유약하나 반드시 강해진다.

역해

앞에서 성誠은 천도이고, 성誠을 하는 것은 인도人道로 사상四象과 사덕四德의 전개르 해석되기 때문에 이 절에서는 성의 내용을 논한 것이다. 배우고 믇고 생각하고 분별하고 행하는 것은 도학道學의 방법이다.

둘 조措는 수扌와 석昔으로, 손으로 옛 성인의 말씀을 헤아려서 마음 속에 두는 것이고, 불弗은 궁극과 이二가 세워진 것으로 절대로 아니라는 의미이다. 이 문장에서 불弗이 15번 등장하는데 이것은 십十과 오五의 철학적 의미를 가진 것으로 하늘과 인간이 반드시 실천해야 한다는 의미로 해석할 수 있다.

마지막에 일一과 백百 그리고 십十과 천千은 모두 백배로 하도의 55와 낙서 45가 합合한 수이다.

한편 위의 내용은 동무의 사상철학에서 중요한 문제로 논해지고 있다. 동무는 『주역』의 「계사상」 제11장을 근거로 사상철학의 가장 핵심적 개념인 사상을 '사심신물事心身物'이라 하고, 이 사심신물을 사사단事四端·심사단心四端·신사단身四端·물사단物四端으로 세분하여 "모언시청은 사사단이고, 변사문학은 심사단이고, 굴방수신은 신사단이고, 지담려의는 물사단이다. 貌言視聽은 事四端이고, 辨思問學은 心

四端이고, 屈放收伸은 身四端이고, 志膽慮意는 物四端이다."라고 하여, 심사단을 『중용』 제20장의 변사문학辨思問學이라 하였다.

동무는 『중용』 제20장 이하에서 밝히고 있는 '박학·심문·신사·명변·독행'을 자신의 사상철학에서 새롭게 해석하여 학문사변을 심사단으로 규정하고, 다양한 입장에서 자신의 철학사상을 논하고 있다.

『격치고』에서는 "먹으면서 밝게 변별하면 먹는 것이 헛되이 먹는 것이 아니고, 앉아서 생각을 삼가면 앉은 것이 한가로이 앉은 것이 아니고, 사귐에 자세히 물으면 사귐이 방자하게 사귐이 아니고, 때에 맞게 널리 배우면 시時가 시간을 낭비하는 것이 아니다.餐而明辨, 餐不素餐, 坐而愼思, 坐不閒坐, 接而審問, 接不浪接, 時而博學, 時不費時."라고 하여, 명변明辨·신사愼思·심문審問·박학博學을 그대로 인간의 일상적 삶의 의미로 논하고 있다.

또 이어서 "사람과 더불어 생을 도모함을 변에 능하다고 하고, 사람과 더불어 재능을 도모함을 사에 능하다고 하고, 사람과 더불어 지혜를 도모함을 문에 능하다고 하고, 사람과 더불어 기틀을 꾀함을 학에 능하다고 한다.與人謀生, 謂之能辨, 與人謀能, 謂之能思, 與人謀慧, 謂之能問, 與人謀機, 謂之能學."라고 하여, 삶·재능·지혜·기틀을 도모하는 것이 학문사변을 능히 하는 것이라 하고, 학문사변에 능하면 힘이 강하고, 재능·권형·식견이 있다고 하였다.

『동의수세보원』에서는 "폐는 반드시 잘 배울 것이고 비는 반드시 잘 물을 것이고 간은 반드시 잘 생각할 것이고 신은 반드시 잘 분별할 것이니, 폐비간신의 작용이 정직하고 조화로우면 진액고유가 충만할 것이고 치우치거나 과하거나 부족하면 진액고유가 줄어들 것이다.肺必善學, 脾必善問, 肝必善思, 腎必善辨, 肺脾肝腎之用, 正直中和則津液膏油, 充也, 偏倚過不及則津液膏油, 爍也."라고 하고, 「독행편」에서도 "성인의 폐비간신은 욕심에 가려지지 않고 학문사변을 잘하고, 일반 사람의 폐비간신은 욕심에 가려지고 학문사변을 잘하지 못한다.堯舜之肺脾肝腎, 不蔽於慾而善於學問思辨, 衆人之肺脾肝腎, 蔽於慾而不善於學問思辨."라고 하여, 폐비간신과 학문사변을 직접 결부시켜 논하고 있다.

또 「유략」 '사물事物'편에서는 "어두운 마음은 학學에 어두운 것이고, 닫힌 마음은 변辨에 닫힌 것이고, 막힌 마음은 문問에 막힌 것이고, 얽힌 마음은 사思에 얽힌 것이다.昧心, 昧學也. 闇心, 闇辨也. 窒心, 窒問也. 罔心, 罔思也."라 하여, 마음을 바로 학문사변學問思辨에 직접 관련시키고, 또 "사심私心으로 학에 어두운 사람은 천하의 일을 봄에는 소홀히 하고 자기의 일을 봄에는 중시한다. 욕심慾心으로 변에 닫힌 사람은 천하의 물건을 봄에 탐내고 자기의 물건을 봄에는 가벼이 한다. 방심放心으로 문에 막힌 사람은 일신의 염려가 없기를 생각하고 멋대로 행동한 즉 마음을 상쾌하게 한다. 일심逸心으로 사에 얽힌 사람은 일심一心의 행함이 없기를 생각하고 스스로 포기한 즉 몸을 편히 한다.私心而昧學者, 視天下事忽而視自己事重也, 慾心而闇辨者, 視天下物貪而視自己物屑也, 放心而窒問者, 思一身無慮而橫行則快於心也, 逸心而罔思者, 思一心無爲而自棄則便於身也."라그 하여, 사심과 학·욕심과 변·방심과 문·일심과 사에 결부시켜 논하고 있다.

학문사변과 결부되는 사심·욕심·방심·일심은 『동의수세보원』「사단론」의 "예를 버리고 방종하는 사람은 비인이라 하고, 의를 버리고 투일하는 사람은 나인이라 하고, 지를 버리고 식사하는 사람은 박인

이라 하고, 인을 버리고 극욕하는 사람은 탐인이라 한다.人趨心慾 有
四不同, 棄禮而放縱者 名曰鄙人, 棄義而偸逸者, 名曰懦人, 棄智而飾私者 名曰
薄人, 棄仁而極慾者 名曰貪人."와 연계시켜 보면, 학은 지·문은 예·사는
의·변은 인과 결부되어, 인의예지와의 관계가 밝혀지게 된다.

「유략」에서도 인색한 마음은 부지不智한 마음으로 학에, 속이는 마
음은 불인不仁한 마음으로 변에, 사치하는 마음은 무례無禮한 마음
으로 문에, 게으른 마음은 불의不義한 마음으로 사에 각각 배속하여,
학과 지·변과 인·문과 예·사와 의를 각각 결부시키고 있다.

위의 내용을 사상철학의 인의예지 배치를 통해 그림으로 그리면
다음과 같다.

마지막 행行을 제외하고 네 가지를 말씀한 것은 사상철학의 마음
과 관계된 것으로 실천적 행위를 의미하는 독행篤行은 학문사변과 구
분되는 것이기 때문이라 생각된다. 동무의 이러한 내용은 주희가 주

해에서 말한 "이것은 정성誠을 실천하는 절목이니, 학문사변은 선을 택하는 것으로써 지知가 되는 까닭이니 배워서 아는 것이고, 독행은 굳게 잡는 것으로써 인仁이 되는 까닭이니 이롭게 여겨서 행하는 것이다.此는 誠之之목也라. 學問思辨은 所以擇善而爲知니 學而知也요, 篤行은 所以固執而爲仁也이니 利而行也라."를 참고하면 된다.

▷ 제20장의 학문사변행은 「중천건괘」 문언의 인예의지仁禮義知로 풀다.

『중용』의 한자 읽기

學 배울 학 = 크 + 爻 + 冖 + 子 : 자식이 진리를 익히다.
問 물을 문 = 門 + 口 : 마음의 문을 묻다.
辨 분별할 변 = 辛 + 刂 + 辛 : 칼로 나누다.
弗 아닐 불 = 弓 + 丿 : 절대로 아니다.

제21장 정성을 밝히다

自誠明을 謂之性이오 自明誠을 謂之敎니 誠則明矣오 明則誠矣니라.

정성으로부터 밝아짐을 성이라 이르고, 밝음으로부터 정성스러움을 가르침이라 이르니, 정성이 밝음이고 밝음이 정성인 것이다.

역해

제1장의 '천명지위성天命之謂性'과 '수도지위교修道之謂敎'를 확충하여 논하고 있다.

성誠은 천도天道이고, 명明은 명덕明德으로 인도人道의 입장이기 때문에 천도와 인도의 관계를 분명하게 하고 있다. 본성은 하늘로부터 받은 것이고, 가르침은 자기의 본성을 바탕으로 하늘을 따르는 것이다.

「화지진괘」에서는 "상에서 말하기를

밝음이 땅 위에 나오는 것이 진괘이니 군자가 이로써 스스로 밝은 덕을 밝힌다.象曰明出地上이 晉이니 君子ㅣ 以하야 自昭明德하나니라."라고 하여, '밝음으로부터 정성스러움을 가르침이라 이르니'의 입장에서 논하고 있다.

『주역』에서는 하늘과 인간의 관계에서 하늘이 인간에게 내려주는 것은 순順이라 하고, 인간이 하늘의 뜻을 정성스럽게 따르는 것은 역逆이라고 한다.

「설괘」에서는 "감往을 헤아리는 것은 순이고 옴來을 아는 것은 역이니 그러므로 『주역』은 역으로 헤아리는 것이다.數往者는 順하고 知來者는 逆이니 是故로 易은 逆數也라."라 하고, 「뇌산소과괘雷山小過卦」에서는 "나는 새가 남긴 소리에 위로 올라감은 마땅하지 않고 아래로 내려옴은 마땅하니 크게 길하다는 것은 위로 올라감은 역이고 아래로 내려옴은 순이기 때문이다.飛鳥遺之音不宜上宜下大吉이니 上逆而下順닌니라."라고 하여, 상하의 개념에서 상에서 하로 작용이 순이고, 하에서 상으로 작용이 역이라 하였다.

순역順逆의 작용은 하도낙서河圖洛書의 작용으로 왕래往來와 서로 연계되어 있다. 즉, 왕往은 기본적으로 낙서의 작용을 의미하기 때문에 순은 낙서洛書를 헤아리는 것이그, 래來는 기본적으로 하도의 작용을 의미하기 때문에 역은 하도를 아는 것이라 하겠다. 그런데 왕래를 헤아리고 아는 주체는 인간이 되기 때문에 인도人道의 입장에서 순역이 논의된다.

「지산겸괘地山謙卦」에서도 "겸이 형통하다는 것은 천도가 아래로 가지런해져서 밝음이 빛나고, 지도가 낮은 곳에서 상행하는 것이니

謙亨은 天道ㅣ 下濟而光明하고 地道ㅣ 卑而上行이니."라고 하여, 천도가 위에서 아래로 내려오고, 지도가 아래에서 위로 올라간다고 하였다.

따라서 자성명自誠明은 순의 입장이고, 자명성自明誠은 역의 입장에서 논한 것임을 알 수 있다.

▷ 제21장의 명明은 「화지진괘」 대상사의 자소명덕自昭明德으로 풀다.

『중용』의 한자 읽기

明 밝을 명 = 日 + 月 : 해와 달의 빛이다.
則 법칙 칙 = 貝 + 刂 : 작용을 심판하다.
自 스스로 자 = 丶 + 目 : 하늘은 스스로이다.
謂 이을 위 = 言 + 胃 : 내가 말하다.

제22장 정성을 지극히 하다

惟天下至誠이아 爲能盡其性이니 能盡其性則能盡人之性이오 能盡人之性則能盡物之性이오 能盡物之性則可以贊天地之化育이오 可以贊天地之化育則可以與天地參矣니라.

오직 천하에 지극한 정성이어야 능히 그 본성을 다할 수 있으니, 그 본성을 다하면 능히 다른 사람의 본성을 다하고, 능히 다른 사람의 본성을 다하면 능히 만물의 본성을 다하고, 능히 만물의 본성을 다하면 천지의 화육化育을 도울 것이고, 천지의 화육을 도우면 천지와 더불어 참여하게 될 것이다.

역해

오직 세상에서 지극한 정성을 가진 사람만이 능히 그 본성을 다할 수 있으며, 그 본성을 다해야 능히 다른 사람의 본성을 다할 수 있고, 다른 사람의 본성

을 다해야 능히 대상 사물의 성질을 다할 수 있고, 사물의 성질을 다하면 세상의 변화와 육성을 도울 수 있고, 세상의 변화와 육성을 도우면 더불어 세상에 참여할 수 있는 것이다.

지성至誠을 능진기성能盡其性, 능진인지성能盡人之性, 능진물지성能盡物之性으로 확장시켜 천지의 변화와 육성에 천지와 더불어 참여하게 되는 것이다. 이것을 『대학』의 팔조목八條目과 『맹자』에 연계하여 설명할 수 있다.

중용	盡其性	盡人之性	盡物之性
대학	誠意正心	修身齊家	治國平天下
맹자	親親	仁民	愛物
	자기의 본성	타인의 본성	대상 사물의 이치

천지의 화육化育을 돕고, 더불어 천지와 참여하는 것을 「산뢰이괘山雷頤卦」에서는 "천지가 만물을 기르며 성인이 어진 이를 길러, 만백성에게 미치게 하니 天地ㅣ 養萬物하며 聖人이 養賢하야 以及萬民하나니"라 하고, 「택산함괘」에서는 "천지가 감응하고 만물이 변화하여 나오고, 성인이 인심에 감응하고 천하가 화평하나니 天地ㅣ 感而萬物이 化生하고 聖人이 感人心而天下ㅣ 和平하나니"라고 하여, 천지와 성인이 천지의 화육을 돕는다고 하였다.

「중천건괘」에서는 "무릇 대인은 천지와 더불어 그 덕을 합하고, 일월과 더불어 그 밝음을 합하고, 사시와 더불어 그 차례를 합하고, 귀신과 더불어 그 길흉을 합하여夫大人者는 與天地合其德하며 與日月合其明

하며 與四時合其序하며 與鬼神合其吉凶하야"라 하고, 「계사하」에서는 "천지의 선을 체득하며 신명한 덕에 통하니 以體天地之撰하며 以通神明之德하니"라고 하여, 대인이 천지와 일월, 사시, 귀신의 덕에 합하기 때문에 천지의 화육에 참여한다고 하였다.

▷ 제22장의 화육化育은 「택산함괘」 단사의 감感과 화化로 풀다.

『중용』의 한자 읽기

化 화할 화 = 亻 + 匕 : 바로 서고 거꾸로 서다.
育 기를 육 = 亠 + 厶 + 月 : 나를 기르다.
物 만물 물 = 牛 + 勿 : 하늘의 음양을 감싸다.
參 참여할 참 = 厶 3개 + 人 + 彡 : 천지인에 참여하다.

제23장 지극한 정성이 세상을 바꾸다

其次는 致曲이니 曲能有誠이니 誠則形하고 形則著하고 著則明하고 明則動하고 動則變하고 變則化니 唯天下至誠이아 爲能化니라.

그 다음은 곡진에 이르니 곡진함에는 능히 정성이 있으니, 정성스러우면 형상이고, 형상이 있으면 드러나고, 드러나면 밝고, 밝으면 움직이고, 움직이면 변하고, 변하면 감화하니. 오직 천하의 지극한 정성이어야 능히 감화할 수 있다.

역해

　굽을 곡曲은 구口와 입卄으로, 내 마음에 하느님과 땅님을 받아들이는 것으로 「계사하」에서는 "그 말씀이 곡진하고 적중하며其言이 曲而中하며"라 하고, 「계사상」에서는 "천지의 변화를 범위로 하여 지나가지 않으며, 만물을 곡진하게 완성하여 버리지 않으며, 주야의 도에 통하여 아는 것이라. 그러므로 신은 방소가 없고 역은 체가 없는 것이다.範圍天地之化而不過하며 曲成萬物而不遺하며 通乎晝夜之道而知라 故로 神无方而易无體하니라."라고 하여, 곡진曲盡의 의미로 사용하고 있다.

형상 형形은 일一과 입卄 그리고 삼彡으로, 자체가 천지인天地人 삼재지도三才之道의 뜻을 가지고 있다. 형形은 형이상자形而上者인 도道와 형이하자形而下者인 기器에 공통으로 들어가 상하의 경계가 되고, 또 연결시키는 의미를 가지고 있다. 일반적으로 형이상자는 무형이고 형이하자는 유형으로 구별하지단, 형이상자를 무형이라고 하는데 있어서 마음 속의 사유작용과 물리적인 시간 등은 무형적인 것이지만 형이상자인 도라고 하지는 않는다.

성誠은 천도天道이기 때문에 천도가 세상의 감화로 드러나는 과정을 밝힌 것이다. 정성이 있으면 형상形狀이 있고, 형상이 있으면 밖으로 드러나게 되고, 드러나게 되면 자기 마음에서 밝아지고, 마음에서 밝아지면 스스로 행동하게 되고, 나부터 행동하게 되면 세상의 다른 사람이 변화되는 것이다.

여기서 『주역』의 핵심적 개념인 변화의 의미를 생각해보고자 한다. 우리는 변화라고 하면 시간의 차례에 따라 전개되는 사계절의 순환이나 자신의 생각이 바뀌는 것 등을 생각하고 있지만, 『주역』에서 변화는 보다 본질적인 의미를 가지고 있다.

먼저 「계사상」 첫 장에서는 "하늘에 있어서는 상象이 이루어지고, 땅에 있어서는 형形이 이루어지니, 변화가 드러난다.在天成象코 在地成形하니 變化ㅣ 見矣라."라고 하여, 변화의 의미를 밝히고 있다. 여기서 하늘은 천도天道의 세계이고, 땅은 현상의 세계를 의미하기 때문에 변화를 두 측면에서 이해할 수 있다. '하늘에 있어서는 상象, 뜻이 이루어진다'는 것은 천도의 작용이 드러난다는 것이고, '땅에 있어서는 형상이 이루어진다'는 것은 현상 세계의 변화를 의미하는 것이다.

또 「계사상」 제12장에서는 "이러한 까닭으로 형이상자를 도라 이르고, 형이하자를 기라 이르고, 화하고 마름질하는 것을 변이라 이르고, 미루어서 행함을 통이라 이르고, 들어서 천하의 백성들에게 둠을 사업이라 이른다.是故로 形而上者를 謂之道오 形而下者를 謂之器오 化而裁之를 謂之變이오 推而行之를 謂之通오 擧而措之天下之民을 謂之事業이니라." 라고 하여, 형이상의 도가 형이하의 기로 화하여 마름질하는 것 즉, 천도의 자기 전개 작용이 끊임없이 이루어지는 것이 '변變'이고, 이것을 미루어 행하는 것은 '통通'이고, 이러한 변통의 원리를 자각하여 백성들의 삶에 쓰는 것은 군자인간의 '사업'이라 하였다.

「계사상」 제1장에서 변화를 천지天地로 구분하여 논한 것과 위 인용문을 종합하면, 형이상자인 도는 하늘과 짝이 되고, 형이하자인 기는 땅과 짝이 되는 것이다.

또 「계사상」에서도 "드러남을 이에 상이라 이르고, 형을 이에 기라고 이른다.見을 乃謂之象이오 形을 乃謂之器오."라고 하여, 하늘은 상象으로 드러나고, 땅은 형체를 갖춘 기가 되는 것이다. 「계사상」 제5장에서는 음양으로 작용하는 도가 인간 본성이 되었음一陰一陽之謂ㅣ道이니 繼之者ㅣ善也오 成之者ㅣ性也라.을 논하여, 형이하자인 기器는 두 가지의 뜻이 있다. 즉, 땅의 입장에서는 형이상의 천도天道가 이하而下한 모든 현상 사물을 의미한다면, 인간의 입장에서는 형이상의 천도를 계승한 것이 인간 본성이기 때문에 기는 인간 본성이 되는 것이다.

한편 「산화비괘山火賁卦」에서는 "하늘의 문채를 보아서 시時의 변變을 살피고, 인간의 문화를 보아서 천하를 감화하여 완성한다.觀乎天文하야 以察時變하며 觀乎人文하야 以化成天下하니라."라고 하여, 변화에서 변과 화를 구분하고 있다. 즉, 천문은 천도가 운행되어지는 세계이고, 인문은 천하에 왕도가 행해지는 세계이기 때문에 천문은 변變과 인문은 화化와 연계시켜 '천변인화天變人化'로 밝히고 있다.

문자적 의미도 변할 변變은 사糸 = 幺 + 小, 아득히 작은 세계가 아래로 내려옴와 언言, 天言 그리고 복攵으로, 아득한 천도의 세계가 드러나는 것을 상징한다면, 될 화化는 인亻과 비匕, 거꾸로 사람로, 인도의 입장이다.

또 「뇌풍항괘」에서도 "일월이 하늘을 얻어서 오래 비추고, 사시가 변화하여 오래 이루고, 성인이 그 도에서 오래하여 천하가 화하여 이루어지니日月이 得天而能久照하고 四時ㅣ 變化而能久成하며 聖人이 久於其道而天下ㅣ 化成하나니."라 하고, 「중화이괘重火離卦」에서는 "일월이 하늘에 걸려있고 온갖 만물이 흙에 걸려 있으니 거듭된 밝음으로 정도에 걸려서 이에 천하를 화하여 이룬다.日月이 麗乎天하고 百穀草木이 麗乎土하니 重明으로 以麗乎正하야 乃化成天下하나니라."라고 하여, 변은 일월과 사시에 화는 성인과 천하에 연계시켜 논하고 있다.

따라서 변화는 천문의 세계로 일월의 운행에 따른 천도의 작용인 변과 인문의 세계로 천하에서 성인의 진리를 실천하여 감화되는 것이라 하겠다. 전자는 천도가 드러나는 것으로 인간의 의지 작용과는 상관없이 스스로 그러한自然 것이라면, 후자는 인간의 의지 작용에 의해서 바뀌게 되는 것이다.

▷ 제23장의 형形은 「계사상」 제12장의 형이상자와 형이하자로 풀다.

『중용』의 한자 읽기

次 버금 차 = 冫 + 欠 : 두 번째로 작용하다.
形 형상 형 = 一 + 廾 + 彡 : 삼재지도가 드러나다.
著 분명할 저 = 艹 + 者 : 풀 아래에 나타나다.
變 변할 변 = 糸 2개 + 言 + 攵 : 하늘이 작게 드러나다.

제24장 지극한 정성은 신神과 같다

至誠之道는 可以前知니 國家將興에 必有禎祥하며 國家將亡애 必有妖孼하야 見乎蓍龜하며 動乎四體라 禍福將至에 善을 必先知之하며 不善을 必先知之니 故로 至誠은 如神이니라.

지극한 정성의 도는 먼저 알 수 있으니, 국가가 장차 흥함에 반드시 상서로운 조짐이 있으며, 국가가 장차 망함에 반드시 요괴스러워서 시초와 거북에 나타나며 사체에서 움직인다. 재앙과 복이 장차 이름에 선을 반드시 먼저 알며 불선을 반드시 먼저 알게 되니, 그러므로 지극한 정성은 신과 같은 것이다.

河圖		
	南	
	2·7	
3·8	5·10	4·9
	1·6	
	北	

洛書		
4	9	2
3	5	7
8	1	6

역해

제24장은 천도天道를 논하고 있다. 특히 정상禎祥과 요얼妖孼 그리고 시귀蓍龜를 점占의 뜻으로 풀이하고 있는데, 천도와 점은 『주역』을 통하지 않고는 이

해될 수 없다.

　『주역』은 변화에 대한 학문으로 천도의 운행 원리와 인간 삶의 깊은 이치를 담고 있기 때문에 수천 년 동안 동북아 한자 문화권에서는 가장 근원적인 학문으로 존숭되어 왔다. 또『주역』의 괘효卦爻나 괘효사가 원래 점을 하기 위해 만들어졌다는 기원설을 통해 점서占書라는 주장이 보편적으로 수용되고 있다. 그러면『주역』의 학문적 의의가 무엇이고, 점의 본질적 의미가 무엇인지를 되묻지 않을 수 없다.

　『주역』은 성인이 천하의 깊은 진리인 역도를 자각하여 사물적 존재의 형용에 비겨서 뜻의 마땅함을 상징적으로 표상함으로써 형성된 학문이며, 또『주역』의 저작 목적이 인도人道인 성명의 이치를 밝히기 위한 것이라 하였고,「계사상」에서는 직접 점이 성인지도聖人之道 가운데 하나라고 하였다.

　먼저 점占의 문자적 의미를 분석하면, 곤ㅣ, 빛과 주丶, 천十 구口, 人로, 하늘의 뜻이 땅에 드러나는 것을 밝히는 것이다.『주역』을 점서라고 할 때는 바로 '하늘의 뜻을 세상에 말해 준다'라는 근본적인 의미를 담고 있다.

　『주역』에서는 점에 대하여 "수를 지극하여 옴來을 아는 것이 점이라 하고極數知來之謂ㅣ占이오."라고 하여, 수를 통해 래來를 아는 것이라 하였다. 또「계사상」에서는 "군자는 거처함에 그 상象을 보고 그 말씀을 완미하고, 행동함에 그 변화를 보고 그 점을 완미하니君子ㅣ居則觀其象而玩其辭하고 動則觀其變而玩其占하나니"·"『주역』에는 성인의 도가 넷이 있으니, 말을 쓰는 사람은 그 말씀卦辭·爻辭·彖辭·象辭·繫辭을 숭상하고, 행동을 하는 사람은 그 변화爻를 숭상하고, 제정된 문물제도器를 쓰는 사람은 그 상象을 숭상하고, 복서卜筮를 쓰는 사람은 그 점을 숭상하나니易有聖人之道ㅣ四焉하니 以言者는 尙其辭하고 以動者는 尙其變하고 以制器者는 尙其象하고 以卜筮者는 尙其占하나니"라고 하였다.

즉, 인격적인 삶을 살아가는 실존적 존재인 군자가 행동을 할 때는 '변화를 관찰하고 그 속에서 점을 익숙하게 가지고 놀아야 한다'고 하였고, 또 『주역』을 저작하고 인류에게 진리를 밝힌 성인의 도가 네 가지 있는데, 그 중에 하나가 바로 복卜과 서筮를 하는 사람은 점을 숭상한다고 하였다. 따라서 『주역』에서 점은 일반적으로 논하고 있는 술수가 아니라 성인이 밝힌 진리와 군자가 실천해야 할 원리를 담고 있는 것이다.

또 점에는 두 가지 방법이 있는데 하나는 복卜을 통한 것이고, 다른 하나는 서筮를 통한 것이다. 물론 점은 수를 지극히 해서 래來, 옴를 아는 것이니, 복서는 수와 관계되는 것이고, 변화와 직결되어 있음을 추론할 수 있다.

점의 방법인 복서를 고찰해보면, 먼저 「설괘」에서는 '『주역』을 지은 주체는 성인이고, 성인이 신명의 덕을 자각하여 시초蓍와 수로 표상하고, 또 음양과 강유의 원리를 괘와 효로 표상하였다.昔者聖人之作易也애 幽贊於神明而生蓍하고 參天兩地而倚數하고 觀變於陰陽而立卦하고 發揮於剛柔而生爻하니'고 하였다.

성인이 신명을 자각하여 처음으로 드러낸 시초는 앞의 인용문에서 성인지도의 네 가지 가운데 마지막 복서와 연계되는 것으로 「계사상」에서는 시초를 덕이 있는 인격적 존재로 논하고, '천하의 완성에 힘쓰는 것이 시초와 거북보다 큰 것이 없다.蓍之德은 圓而神이오 …

成天下之亹亹者ㅣ 莫大乎蓍龜하니라.'고 하여, 시초는 단순히 신령스러운 풀이 아니라 서筮의 방법에 이용된 것으로 하도河圖를 상징하고 있는 것이다.

또 거북龜은 복의 방법에 이용된 동물이기에 복점卜占을 의미하는 것으로 이해하고 있으나, 한대의 공안국孔安國이 '낙서洛書'와 거북을 관련시켜 말한 이래 여러 학자들이 거북을 낙서로 논하고 있다.

따라서 성인이 신명의 덕을 자각하여 표상한 시초와 수參天兩地는 바로 신물神物인 하도와 낙서이며, 『주역』에서 복서卜筮는 시귀蓍龜를 통해 표상되는 점占이며, 점은 수를 극지히 하여 옴來을 아는 것이니, 수리數理로 역도를 표상하는 하도와 낙서를 헤아리는 것이 점인 것이다. 점의 방법인 복은 거북龜을 통해 상징되는 낙서洛書를 말하는 것이고, 서는 시초蓍를 통해 상징되는 하도河圖를 말한 것이다.

『주역』「계사상」제9장에서는 음양陰陽의 원리를 담고 있는 1에서 10까지 천지지수天地之數에 이어서 "천수가 5이고 지수가 5이니, 다섯 위를 서로 얻어서 각각 합하니, 천수는 25이고 지수는 30이다. 무릇 천지의 수는 55이니, 이것은 변화를 이루고 귀신을 행하는 원리이다.天數五, 地數五, 五位相得而各有合, 天數二十有五, 地數三十, 凡天地之數, 五十有五, 此所以成變化而行鬼神也."라고 하여, 하도河圖의 도상을 밝히고 있다.

하도는 네 정방에 1·6수, 2·7화, 3·8목, 4·9금가 있고, 가운데 5·10토이 있어, 음과 양이 5皇極를 근거로 만나서 다섯으로 작용하는 오행五行원리를 표상하고 있으며, 그 기본적 작용은 5를 본체로 6⑴ → 7⑵ → 8⑶ → 9⑷ → 10⑸으로 전개되는 '체오용육體五用六'작용이다. 즉, 하도는 인간 본성을 상징하는 오五가 본체이기 때문에 인도人道를 중심으로 현상 세계에 전개되는 오행五行원리를 표상하는 그림이라 하겠다.

「계사상」 제9장에서는 이어서 "대연의 수는 50이니 그 작용은 49이다. 나누어서 둘이 되어 양의를 상징하고, 하나를 걸어서 삼을 상징하고, 넷으로 서어서 사시를 상징하고, 새끼손가락에 돌아가 의지하여 윤달을 상징하니 大衍之數五十, 其用四十有九, 分而爲二以象兩, 掛一以象三, 揲之以四, 以象四時, 歸奇於扐以象閏,"라고 하여, 낙서洛書의 이치를 밝히고 있다.

낙서는 대연지수大衍之數 50에서 49 → 48 → 47 → 46 → 45로 작용하여 5로 돌아가지만, 기본적인 작용은 50에서 40을 제외하면 10을 본체로 9(1) → 8(2) → 7(3) → 6(4) → 5로 전개되는 '체십용구體十用九'작용이다. 즉, 낙서는 하늘인 10无極이 음과 양으로 서로 분리·작용하여, 9(1) 태양·8(2) 소음·7(3) 소양·6(4) 태음의 사상四象원리를 표상하고 있다. 즉, 낙서는 십十을 본체로 하기 때문에 천도天道를 위주로 하고, 드러나지 않는 사상四象원리를 표상하는 그림이라 하겠다.

따라서 「계사상」 제9장에서 논하고 있는 하도와 낙서를 통해 『주역』의 음양, 오행五行, 사상四象에 대한 개념을 정립할 수 있다.

하도와 낙서는 서로 체용의 관계로 하나이면서 둘인 관계이다. 하도는 5를 본체로 6(1) → 7(2) → 8(3) → 9(4) → 10(5)으로 작용하고, 낙서는 마지막 10을 본체로 9(1) → 8(2) → 7(3) → 6(4) → 5로 작용하며, 5에서 다시 하도의 작용이 시작된다.

시초 시蓍는 초艹와 노耂 그리고 일日로, 풀 속에 늙은이가 있는 것이니 인도人道가 위주이고, 거북 귀龜에는 오른쪽 가운데에 십十이 있으니 천도天道가 위주이다.

다른 한편으로 『주역』의 시時를 인식론적 시간으로 받아들여서 점에 대한 다양한 오해가 생겨나고 있다. 점에 대한 정의인 「계사상」 제5장의 '극수지래지위점極數知來之謂占'을 '미래를 아는 것이 점이다'라고 글자에 한정된 해석을 하여, 『주역』의 점은 미래를 아는 것으로 생각해온 것이다.

앞에서 설명했듯이 래來는 미래가 아니라 하도낙서의 작용이며, 시時는 그러한 통속적인 시간의 의미가 아니라 마침 즉 시작이 있는 종시終始 천도 운행이 드러나는 것이며, 이것은 인간의 인식을 넘어선 영원한 현재인 순간瞬間, 찰나刹那을 의미하고 있다. 또 인도人道에 있어서 시는 군자가 본성 자각을 통해 천지의 마음을 깨우치는 것과 천하에 사업을 실천하는 것을 의미하는 것이다.

상서 정禎은 시示와 곧을 정貞으로, 하늘의 빛이 곧게 내려오는 것이니 상서로운 것이고, 상서로울 상祥은 시示와 양羊으로, 하늘의 빛이 백성들에게 내려오는 것이 상서로운 것이다.

▷ 제24장의 시귀蓍龜는 「계사상」 제9장의 하도河圖와 낙서洛書로 풀다.

『중용』의 한자 읽기

蓍 시초 시 = ⺾ + 老 + 日 : 늙은이가 진리를 말하다.
龜 거북 귀 : 하늘의 작용×을 감싸고 있다.
禎 상서 정 = 示 + 貞 : 하늘이 곧게 드러나다.
祥 상서로울 상 = 示 + 羊 : 하늘과 백성이 하나되다.

제25장 정성은 마치면 곧 시작이다

誠者는 自成也요 而道는 自道也니라. 誠者는 物之終始니 不誠이면 無物이니 是故로 君子는 誠之爲貴니라. 誠者는 非自成己而已也라 所以成物也니 成己는 仁也요 成物은 知也니 性之德也라 合內外之道也니 故로 時措之宜也니라.

정성은 스스로 이루는 것이고, 도는 스스로 행하는 것이다.

정성은 만물의 마침과 시작이니 정성이 없으면 만물이 없는 것이다. 그러므로 군자는 정성스러움을 귀하게 여긴다.

정성은 스스로 자기를 이룰 뿐만 아니라 만물을 이루는 것이니, 자기를 이룸은 인仁이고 만물을 이루는 것은 지智이니 본성의 덕이라 내외를 합하는 도이다. 그러므로 시時를 두는 마땅한 것이다.

역해

성誠은 천도天道이고, 성지誠之는 인도人道인데, 성을 만물의 종시終始로 논하고 있다. 성기成己와 성물成物은 제1장에서 군자의 성명性命을 통해 설명하였다. 제25장의 근본 개념인 종시終始와 시時는 『주역』을 통해 분명하게 풀이한다.

천도를 위주로 역도를 표상하는 「중천건괘」 대상사에서 밝힌 '천도 운행[天行]'에 대하여, 「산풍고괘」에서는 "마침 즉 시작이 있는 천도 운행이다.終則有始ㅣ天行也라."라 하고, 「뇌풍항괘」에서는 "천지의 도는 항구하여 그침이 없는 것이라. 갈 바가 있어 이로운 것은 마침 즉 시작이 있기 때문이다.天地之道ㅣ恒久而不已也라 利有攸往은 終則有始也라"라고 하여, 천도 운행을 마치면 곧 시작하는 종시終始로 밝히고 있다.

또 「계사하」에서는 "『주역』의 책은 시작에 근원하여 마침을 요약하여 그것을 바탕으로 삼고, 육효가 서로 섞여 있음은 오직 시물이다.易之爲書也 原始要終하야 以爲質也코 六爻相雜은 唯其時物也라."라고 하여, 육효중괘六爻重卦인 64괘는 종시를 바탕으로 하는 시물時物이라고 하였다. 여기서 '시작에 근원하여 마침을 요약하여原始要終'는 시작에서 마침으로 향하는 직선적 시간의 의미가 아니라 '마침 즉 시작이 있는終則有始'을 의미하는 것이다. 「계사상」 제4장에서도 '시작에 근원하여 마침에서 되돌아온다.原始反終'고 하여, 단순히 시작에서 마침으로 논하지 않고, 사생死生과 유명幽明을 통해 종시의 의미로 밝히고 있다.

『주역』을 비롯한 선진유학에서는 시작에서 마침으로 끝나는 시종始終이라는 표현은 사용하지 않고, 마침 즉 시작인 '종시'로 논하고 있다.

　또한 「계사하」에서는 "그러므로 그 말이 위태로워 위태롭게 여기는 사람을 평안하게 하고 쉽게 여기는 사람을 기울어지게 하니, 그 도가 매우 커서 온갖 일을 폐하지 않으나, 종시로써 두려워하는 것은 그 요체가 허물을 짓지 않기 위함이니 이것을 일러 역의 도라고 한다.是故로 其辭ㅣ 危하야 危者를 使平하고 易者를 使傾하니 其道ㅣ 甚大하야 百物을 不廢하나 懼以終始는 其要ㅣ 无咎리니 此之謂易之道也라."라고 하여, 종시를 『주역』의 진리로 밝히고 있다.

　「중천건괘」 단사에서는 "종시를 크게 밝히면 여섯 위가 시時에 따라서 완성되니, 시로써 여섯 용을 타서 천도를 어거한다.大明終始하면 六位時成하니 時乘六龍하야 以御天하니라."라고 하여, 천도 운행인 종시와 시時를 직접 결부시켜 논하고 있다.

　즉, 천도 운행인 종시를 자각하면 육효중괘가 표상하는 시의 원리를 완성하고, 이 시가 육효중괘를 통해 천도가 드러나게 된다고 하여, 『주역』의 육효중괘가 표상하고 있는 내용을 종시와 시 그리고 천도로 논하고 있다.

　또 64괘에서는 "곤도가 그 순응하는 것이구나! 천도를 받들어 시를 행하는 것이다.坤道ㅣ 其順乎인져 承天而時行하니라", "천도에 응하여 시를 행한다應乎天而時行", "천문을 보아서 시의 변화를 살피며觀乎天文하야 以察時變하며"라고 하여, 천도의 변화가 드러나는 것을 시時로 규정하고 있다.

　『주역』과 함께 선진유학의 철학사상을 함축하고 있는 『서경』에서도 "공경하라! 오직 시는 하늘의 공이니欽哉, 惟時亮天功.", "가득 참은

덞을 부르고 겸손은 더함을 받으니 시가 이에 천도이다.滿招損, 謙受益, 時乃天道.", "임금이 노래를 지으시면서 하늘의 명을 받드는 것은 오직 시와 기미라 하였다.帝庸作歌曰勑天之命, 惟時惟幾.", "오직 하늘이 총명한 이를 낳으시어 시로 다스린다.惟天生聰明, 時乂."라고 하여, 시와 천도를 일체적으로 논하고 있다.

다음으로 「산택손괘」에서는 시에 대해, "어디에 쓰겠는가? 두 제기만 가지고도 제향할 수 있다는 것은 두 제기는 시가 있음에 응하는 것이며, 강을 덜어 유에 더함은 시가 있으니, 덜고 더하며 채우고 비움을 시와 더불어 함께 행해야 한다.曷之用二簋可用享은 二簋ㅣ應有時며 損剛益柔ㅣ有時니 損益盈虛를 與時偕行이니라."라고 하여, 두 가지 측면에서 '시가 있음有時'과 '시와 더불어與時'를 논하고 있다.

'두 제기[二簋]'는 제사에 사용하는 그릇으로 제사는 신神, 귀신과 인간이 감응하는 행위이기 때문에 인간이 지극한 정성을 통해 천도에 감응하는 것을 상징하고 있다. '시가 있다'는 것은 바로 '천도의 작용이 인간의 본성으로 드러남이 있다'는 것으로 이해되는 것이다. 이는 앞에서 논한 마침 즉 시작이 있는 종시가 바로 천도 운행이고, 이것을 자각했을 때 시가 완성된다는 것과 일치하는 것이다.

또 '시와 더불어 모두 행해야 한다'라는 부분도 단순히 시간에 맞게 행동하는 것에 그치는 것이 아니라, 천도 운행인 종시를 자각한 군자가 자신의 본성에 근거하여 행동해야 하는 것이라 하겠다. 이를 「중천건괘」 문언 구삼효에서는 본성을 자각한 군자가 종일토록 노력하는 것은 천도 운행이 드러나는 시에 부합되는 것이라 하고終日乾乾은 與時偕行이오, 상구효에서는 본성을 망각한 소인이 항룡하여 뉘우침이

있는 것은 시와 더불어 함에 항극하는 것이라고 하였다.亢龍有悔는 與時偕極이오

또한 「수풍정괘」에서는 "옛 우물에 날짐승이 없는 것은 시를 버리기 때문이다.舊井无禽은 時舍也일세라."라고 하여, 천명을 전해주는 날짐승과 시를 연계시켜 논하고 있다. 옛 우물에 천명이 없는 것은 다른 것이 아니라 천도의 작용이 드러나는 시를 망각하였기 때문에 시를 버린다고 하였다.

따라서 『주역』의 시時는 인간이 과거–현재–미래로 인식하는 시간의식이 아니라, 마침 즉 시작이 있는終始 천도 운행이 드러나는 것이며, 이것은 인간의 인식을 넘어선 영원한 현재인 순간刹那, 瞬間을 의미한다고 하겠다. 즉, 『주역』에서 마침 즉 시작하는 종시終始는 천도의 운행이 드러나는 것으로 시時의 내용을 함축하고 있다.

▷ 제25장의 종시終始은 「산풍고괘」 단사의 종즉유시終則有始로 풀다.

『중용』의 한자 읽기

- 終 마칠 종 = 糸 + 冬 : 하늘 작용이 마치다.
- 始 처음 시 = 女 + 台 : 하늘의 작용이 크다.
- 措 둘 조 = 扌 + 昔 : 옛 진리를 두다.
- 宜 마땅할 의 = 宀 + 且 : 집에 있음은 마땅하다.

제26장 지극한 정성은 사라지지 않는다

故로 至誠은 無息이니
不息則久하고 久則徵하고
徵則悠遠하고 悠遠則博厚하고 博
厚則高明이니라.
博厚는 所以載物也요 高明은 所以
覆物也요 悠久는 所以成物也니라.
博厚는 配地하고 高明은 配天하고
悠久는 無疆이니라.
如此者는 不見而章하며 不動而
變하며 無爲而成이니라.
天地之道는 可一言而盡也니 其
爲物이 不貳라 則其生物이 不測이
니라.
天地之道는 博也厚也高也明也
悠也久也니라.
今夫天이 斯昭昭之多니 及其無
窮也하야는 日月星辰이 繫焉하며 萬
物이 覆焉이니라 今夫地ㅣ 一撮土

之多니 及其廣厚하야는 載華嶽而不重하며 振河海而不洩하며 萬物이 載焉이니라 今夫山이 一券石之多니 及其廣大하야는 草木이 生之하며 禽獸ㅣ 居之하며 寶藏이 興焉이니라 今夫水ㅣ 一勺之多니 及其不測하야는 黿鼉蛟龍魚鼈이 生焉하며 貨財ㅣ 殖焉이니라.

詩云維天之命이 於穆不已라하니 蓋曰天之所以爲天也오 於乎不顯가 文王之德之純이여하니 蓋曰文王之所以爲文也니 純亦不已니라.

그러므로 지극한 정성은 쉼이 없으니
쉬지 않으면 오래고 오래면 징험이 있고, 징험이 있으면 유원하고, 유원하면 널리 두텁고, 널리 두터우면 높고 밝다.
널리 두터움은 만물을 싣는 것이고, 높고 밝음은 만물을 덮는 것이고, 유구함은 만물을 이루는 것이다.
널리 두터움은 땅과 짝하고 높고 밝음은 하늘과 짝하고 유구함은 경계가 없다.
이와 같은 것은 나타나지 않아도 빛나며 움직이지 않아도 변하며 함이 없어도 이룬다.
천지의 도는 한 마디로 다할 수 있으니, 그 둘건 됨이 둘이 아니라 만물을 냄이 헤아릴 수 없다.
천지의 도는 넓고, 두텁고, 높고, 밝고, 멀고, 오래이다.
지금 하늘은 이 소소함이 많으니, 그 무궁한 것에 미쳐서는 일월과 성신이 매어 있으며, 만물을 덮는 것이다. 지금 땅은 한줌의 흙이 많으니, 그 넓고 두터움에 미쳐서는 화옥을 싣고도 무겁지 않으며 큰 강과 바다를 거두고도 새지 않으며 만물을 싣는 것이다. 지금 산은 한 주먹의 돌이 많으니, 그 광대함에 미쳐서는 초목도 생장하며 금수도 살며 보물도 나오는 것이다. 지금 물은 한잔의 물이 많으니, 그 헤가릴 수 없음에 미쳐서는 악어와 교룡, 어별이 살아가며 재화가 번성된다.
『시경』에서 이르기를 '오직 하늘의 명이 깊어서 그치지 않는다' 하니, 대개 하늘이 하늘이 된 까닭을 말하는 것이고, '아 나타나지 않는가? 문왕의 덕의 순수함이여' 하니, 이는 문왕의 문이 되신 까닭이니 순수하고 또한 그치지 않음이다.

역해

제24장은 지극한 정성의 공능을 논하고 있다. 쉴 식息은 '숨 쉬다', '사라지다'의 뜻으로 자自와 심心이기 때문에 숨 쉬는 것은 스스로의 마음이다. 「중천건괘」에서는 "상에서 말하기를 하늘의 운행이 강건하니 군자가 이로써 스스로 굳세고 쉬지 않는다. 象曰天行이 健하니 君子ㅣ 以하야 自彊不息하나니라."라 하였고, 「계사하」에서는 "건곤이 훼손되면 역도를 볼 수 없고, 역도를 볼 수 없으면 건곤이 거의거의 사라질 것이다. 乾坤이 毁則无以見易이오 易을 不可見則乾坤이 或幾乎息矣리라."라고 하여 군자의 행동으로 밝히고 있다.

부를 징徵은 징조徵兆이고, 땅과 짝을 하는 박후博厚는 「중지곤괘」에서 "두터운 덕으로 만물을 싣는다厚德載物"라 하였고, 하늘과 짝하는 고명高明은 「중천건괘」에서 "종시를 크게 밝히면大明終始", "나타난 용이 밭에 있음은 천하가 문명한 것이고見龍在田은 天下ㅣ 文明이오", "일월과 더불어 그 밝음과 합하며與日月合其明"라 하였고, 경계가 없는 유구悠久는 「뇌풍항괘」에서 "항괘는 오램이니恒은 久也니"라 하고, "천지의 도는 항구하여 그침이 없다. 일월이 하늘을 얻어 능히 오래 비추며 사시가 변화하여 능히 오래 이루며 성인이 그 도에 오래하여 천하가 화하여 이루나니天地之道ㅣ 恒久而不已也니라. 日月이 得天而能久照하며 四時ㅣ 變化而能久成하며 聖人이 久於其道而天下ㅣ 化成하나니"라고 하였다.

다음으로 재물載物·복물覆物·성물成物에 공통적으로 들어가는 '물物'에 대하여 설명해보면, 먼저 「중천건괘」에서는 '물을 이롭게 하는 것이 의에 화합한다利物ㅣ 足以和義'라고 하고, 「풍화가인괘風火家人卦」

에서는 '말씀에는 물物이 있어야 한다言有物'고 하였고, 또 「계사」에서는 "그 물의 마땅함을 상징화하는 것이라, 그러므로 상이라 이르고象其物宜라 是故로 謂之象이오", "이러한 고로 하늘이 신물神物을 내시거늘 성인이 법받으며是故로 天生神物이어늘 聖人이 則之하며", "육효가 서로 섞여 있음은 오직 그 시물時物이다六爻相雜은 唯其時物也라"라고 하여, '물의 마땅함物宜'·'신물神物'·'시물時物' 등으로 밝히고 있다.

따라서 '물物'은 개체적인 사물이나 물건 또는 만물을 의미하는 뜻도 가지고 있지만, 동시에 '신물神物', '시물時物', '물의物宜' 등 존재원리를 상징하는 개념이며, 사덕에서는 물을 이롭게 하는 것이 의義에 화합한다고 하여 '의義'를 표상하고 있는 것이다.

글 장章은 립立과 일日 그리고 십十으로, 하늘 뜻이 빛나게 서 있는 뜻이다. 「중지곤괘」에서는 "육삼은 빛을 머금어서 가히 곧으니六三은 含章可貞이니"라 하고, 「설괘」에서는 "역도가 여섯 자리이고 빛을 이룬다易이 六位而成章하니라."라고 하여, 글이라는 의미가 아니라 하늘의 빛남이 드러남으로 논하고 있다.

또 마지막 문장에서 '문왕의 문이 되신 까닭이니'에서 문文도 글월의 의미보다 두ᅩ와 예乂로, 하늘의 뜻이 드러나는 것을 다스려 사용하다는 의미를 담고 있다. 「계사상」에서는 "삼오로써 변하며 그 수를 착종하여 변화를 통해 드디어 천지의 문을 이루며參伍以變하며 錯綜其數하야 通其變하야 遂成天地之文하며"라 하고, "그 이름을 일컬음이 작으나 그 류를 취함이 크며, 그 요지가 멀며 그 갈씀이 빛나며其稱名也 小하나 其取類也 大하며 其旨ㅣ 遠하며 其辭ㅣ 文하며"라 하고, 천문天文이고 빛남을 밝히고 있다.

「계사하」에서는 "역도는 변동이 있는 것이라, 그러므로 효이고, 효는 등급이 있는 것이라, 그러므로 물이고, 물이 서로 섞여 있는 것이라, 그러므로 문이고, 문이 합당하지 않는 것이라, 그러므로 길흉이 생기는 것이다.道有變動이라 故曰爻오 爻有等이라 故曰物이오 物相雜이라 故曰文이오 文不當이라 故로 吉凶이 生焉하니라."라고 하여, 길흉의 생겨남이 천도가 드러나는 문天文·人文에 바탕함을 논하고 있다.

▷ 제26장의 박후·고명·유구는 「중지곤괘」·「중천건괘」·「뇌풍항괘」 단사彖辭로 풀다.

『중용』의 한자 읽기

配짝 배 = 酉 + 己 : 하늘 소리와 짝하다.
博넓을 박 = 十 + 甫 + 寸 : 하늘이 마디에 맞다.
厚두터울 후 = 厂 + 日 + 子 : 자식을 두텁게 덮다.
悠멀 유 = 攸 + 心 : 마음이 가는 곳이다.

제27장 聖人 성인의 진리를 배우다

大哉라 聖人之道여 洋洋乎發育萬物하야 峻極于天이로다.

優優大哉라 禮儀三百과 威儀三千이로다.

待其人而後에 行이니라.

故로 曰苟不至德이면 至道ㅣ 不凝焉이라하나니라.

故로 君子는 尊德性而道問學이니 致廣大而盡精微하며 極高明而道中庸하며 溫故而知新하며 敦厚以崇禮니라.

是故로 居上不驕하며 爲下不倍라 國有道에 其言이 足以興이오 國無道애 其黙이 足以容이니 詩曰旣明且哲하야 以保其身이라하니 其此之謂與인져.

도라는 것은 잠시도 떨어질 수 없는 것이니 떨어지면 도가 아니다.
이러한 까닭으로 군자는 그 보이지 않는 곳에서 경계하고 삼가며 들리지 않는 곳에서 두려워하고 두려워하는 것이다.
숨은 것보다 드러나는 것이 없으며, 작은 것보다 나타나는 것이 없으니 그러므로 군자는 그 홀로 있을 때 삼가는 것이다.

역해

제27장은 성인지도聖人之道에 바탕한 군자지도君子之道를 논하고 있다.

군자는 사덕四德을 행하는 사람으로 '덕성德性을 높이고 문학問學을 말미암으니'는 덕德으로 체가 되며, '광대함을 지극히 하고 정미함을 다하며'는 의義이고, '고명함을 다하고 중용을 따르며'는 인仁이고, '연고를 익히고 새로운 것을 알며'는 지智이고, '후함을 돈독히 하여 예를 숭상한다'는 예禮이다.

일반적으로 온고이지신溫故而知新을 '옛 것을 익혀서 새 것을 안다'로 직역하지만, '근원적인 연고를 익혀서 새로운 것을 창신한다'로 해석할 수 있다.

옛 고故는 고古와 복攵으로, 옛날을 다스리는 것인데, 「계사상」에서는 "어두움과 밝음의 연고를 알며 시작에 근원하고 마침으로 돌아가는 것이라, 그러므로 죽음과 삶의 말씀을 알며知幽明之故하며 原始反終이라 故로 知死生之說하며"라 하고, "역도는 생각이 없으며 함이 없어서 적연하여 움직이지 않다가 감응하고, 드디어 천하의 연고에 통하나니 천하의 지극한 신이 아니면 그 누가 능히 이것에서 더불겠는 가?易은 无思也하며 无爲也하야 寂然不動이라가 感而遂通天下之故하나니 非天下之至神이면 其孰能與於此리오."라고 하여, 고故는 삶의 연고, 천하의 연고이고, 이것이 신명神明과 연계됨을 알 수 있다.

또 「계사하」에서는 "이로써 천도에 밝고 백성의 연고를 살펴서 이에 신물을 일으켜서 백성들이 앞서 사용하니, 성인이 이것으로 재계 齋戒하여 그 덕을 신명하게 하신져是以明於天之道而察於民之故하야 是興神物하야 以前民用하니 聖人이 以此齋戒하야 以神明其德夫인져."라고 하여, 하늘의 뜻을 담고 있는 백성의 연고로 논하고 있다.

높일 숭崇은 산山과 마루 종宗으로, 꼭대기 마루 위에 있는 산이니 높은 것이며, 「뇌지예괘」 대상사에서는 "음악을 짓고 덕을 숭상하여 作樂崇德하야"라 하고, 「계사상」에서는 "무릇 역도는 성인이 덕을 숭상하고 사업을 넓히는 것이니, 지는 높고 예는 낮으니, 높임은 하늘을 본받고 낮음은 땅을 법받는다.夫易은 聖人이 所以崇德而廣業也니 知는 崇코 禮는 卑하니 崇은 效天하고 卑는 法地하니라."라고 하여, 덕을 숭상하는 것임을 알 수 있다.

교만할 교驕는 마馬와 높을 교喬로, 땅을 달리는 말이 높이 올라가니 교만한 것이다. 「중천건괘」에서는 "윗자리에 거하고 교만하지 않으며, 아랫자리에 있지만 걱정하지 않으니 그러므로 건건乾乾하여 그 때로 인하여 근심하면 비록 위태로우나 허물이 없는 것이다.居上位而不驕하며 在下位而不憂하나니 故로 乾乾하야 因其時而惕하면 雖危나 无咎矣리라."라고 하여, 군자는 때에 맞게 살아가기 때문에 위에 있어도 교만하지 않고 아래에 있어도 근심하지 않는다고 하였다.

'기언其言'은 천언天言이고, 하늘의 뜻을 대행하는 성인지언聖人之言으로 나라에 도가 있으면 성인의 진리가 드러난다는 것이다.

침묵할 묵黙은 리里와 견犬 그리고 화灬로, 욕심으로 쫓아가는 마음을 다스리는 것이 침묵이다. 「계사상」에서는 "공자께서 말씀하시기를 군자의 도는 혹은 나아가고 혹은 처하고 혹은 침묵하고 혹은 말하나 두 사람이 한 마음이니 그 날카로움이 쇠를 끊는 것이로다. 한마음의 말씀이 그 향기가 난과 같다.子曰君子之道ㅣ 或出或處或黙或語나 二人이 同心하니 其利ㅣ 斷金이로다 同心之言이 其臭ㅣ 如蘭이로다", "침묵하고 이루며 말씀하지 않고 믿음은 덕행에 있다.黙而成之하며 不言而信은 存乎德行하니라."라고 하여, 침묵은 덕을 행하는 것이라 하였다.

한편 군자의 덕성德性 네 가지를 사상인에 배치하면 다음과 같다.

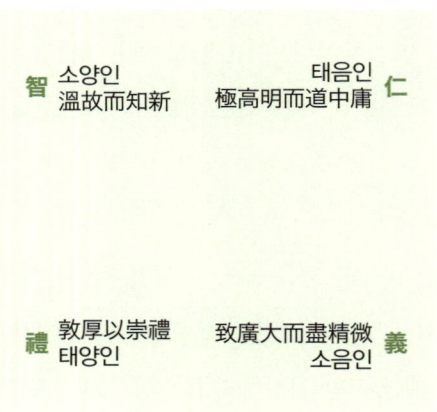

위 그림을 통해 사상인의 소인의 마음을 설명하면, 태양인은 돈독한 두터움으로 예를 숭상하는 것을 버리면 방종하는 비인鄙人이 되고, 소음인은 광대하고 정미함을 다하지 못하면 훔쳐서 달아나는 나

인懦人이 되고, 태음인은 고명하고 중용을 말하지 못하면 욕심을 극하게 부리는 탐인貪人이 되고, 소양인은 연고를 익혀서 새것을 창신하지 못하면 멋대로 꾸미는 박인薄人이 되는 것이다.

▷ 제27장의 온고지 신溫故知新은 「계사상」 제4장의 고故로 풀다.

『중용』의 한자 읽기

崇 높을 숭 = 山 + 宀 + 示 : 마루 위에 군자가 있다.
溫 익힐 온 = 氵 + 囚 + 皿 : 그릇에 가두고 익히다.
故 연고 고 = 古 + 攵 : 옛 것을 다스리다.
新 새로울 신 = 立 + 木 + 斤 : 신도를 세우다.

제28장

성인의 법을 따르다 法

子ㅣ 曰愚而好自用하며 賤而好自專이오 生乎今之世하야 反古之道면 如此者는 災及其身者也니라.
非天子ㅣ면 不議禮하며 不制度하며 不考文이니라.
今天下ㅣ 車同軌하며 書同文하며 行同倫이니라.
雖有其位나 苟無其德이면 不敢作禮樂焉이며 雖要其德이나 苟無其位면 亦不敢作禮樂焉이니라.
子ㅣ 曰吾說夏禮나 杞不足徵也오 吾學殷禮호니 有宋이 存焉이어니와 吾學周禮호니 今用之라 吾從周호리라.

공자께서 말씀하시기를 어리석으면서 자기를 쓰기 좋아하며, 천하면서 자기 마음대로 하기를 좋아하고, 지금 세상에 태어나서 옛날의 도에 반대로 하면, 이와 같은 사람은 재앙이 그 몸에 미친다.
천자가 아니면 예를 의논하지 않고, 도수를 제정하지 않고, 천문을 생각하지 않는다.
지금 천하에서 수레는 바퀴가 같으며, 글은 문채가 같으며, 행동은 인륜이 같다.

비록 그 자리가 있으나 만일 그 덕이 없으면 감히 예악을 짓지 못하며, 비록 그 덕이 있으나 만일 그 자리가 없으면 또한 감히 예악을 짓지 못한다.
공자께서 말씀하시기를 내가 하나라 예를 말하나 기나라가 족히 증거해주지 못하고, 내가 은나라 예를 배웠는데 송나라가 있거니와 내가 주나라 예를 배웠는데 지금 쓰고 있으니, 나는 주나라를 따르겠다.

역해

제28장은 공자의 말씀을 직접 인용하여 군자지도君子之道에 대하여 논하고 있다.

지금 사람들은 자기가 어리석은 줄도 모르고 자기를 무조건 쓰고자 하고, 자기가 천한 줄도 모르고 자기 멋대로 하고자 하고, 또 지금의 세상이 그렇다고 핑계 대면서 성인의 도에 배반하는 삶을 살아가고 있다. 이것은 재앙을 자기에게 불러들이는 것이다. 고지도古之道는 옛날의 진리가 아니라 옛날 성인의 도를 갈하는 것이다.

제도制度는 하늘의 도수度數를 제정하는 것으로「수택절괘」단사에서는 "천지가 절도가 맞아 사시가 이루어지니, 절도로써 도수를 제정하여 재물을 상하지 않게 하고 백성을 해치지 않게 한다.天地節而四時成하나니 節以制度하야 不傷財하며 不害民하나니라."라고 하고, 대상사에서는 "상에서 말하기를 연못 위에 물이 있음이 절괘이니 군자가 이로써 도수를 제정하고 덕행을 의논한다.象曰澤上有水ㅣ 節이니 君子ㅣ 以하야 制數度하며 議德行하나니라."라고 하여, 하늘의 도수에 맞게 살아야 함을 밝히고 있다.

지금 세상에서 '수레는 바퀴가 같음'은 땅을 굴러가는 바퀴로 지地

이고, '글은 문채가 같음'은 천문天文으로 천天이고, '행동은 인륜이 같음'은 인간의 행동으로 인人으로 천지인天地人 삼재지도三才之道를 의미한다.

예악禮樂은 덕德과 위位가 함께 해야 올바로 이루어지는 것이다.

따라서 우리가 살아가면서 재앙을 피하고 올바로 살아가기 위해서는 1)자기의 어리석음을 알아야 하고, 2)스스로 쓰기를 좋아하지 말고 배우기를 좋아해야 하고, 3)자기의 덕을 귀하게 여기고, 4)자기 마음대로 하기를 좋아하지 말아야 하고, 5)옛 성인지도聖人之道를 따라서 배워야 하는 것이다.

▷ 제28장의 제도制度는 「수택절괘」 단사의 절이제도節以制度로 풀다.

「중용」의 한자 읽기

今 이제 금 = 人 + 二 : 사람이 음양을 감싸다.
制 마를 제 = 𠂉 + 巿 + 刂 : 성인이 제정하다.
度 법도 도 = 广 + 廿 + 又 : 이십을 잡고 있다.
災 재앙 재 = 巛 + 火 : 물과 불이다.

제29장 허물을 적게 하라

王天下ㅣ 有三重焉이니 其寡過矣乎인져.
上焉者는 雖善이나 無徵이니 無徵이라 不信이오 不信이라 民弗從이니라.
下焉者는 雖善이나 不尊이니 不尊이라 不信이오 不信이라 民弗從이니라.
故로 君子之道는 本諸身하야 徵諸庶民하며 考諸三王而不謬하며 建諸天地而不悖하며 質諸鬼神而無疑하며 百世以俟聖人而不惑이니라.
質諸鬼神而無疑는 知天也오 百世以俟聖而而不惑은 知人也니라.
是故로 君子는 動而世爲天下道니 行而世爲天下法하며 言而世爲天下則이라 遠之則有望이오 近之則不厭이니라.
詩曰在彼無惡하니 在此無射이라 庶幾夙夜하야 以永終譽라하니 君子ㅣ 未有不如此而蚤有譽於天下者니라.

천하에 왕도정치를 함에 세 가지 중요한 것이 있으니, 그 허물이 적을 것이다.

위의 것은 비록 선하나 징험이 없고 징험이 없어서 믿지 않고 믿지 않으니 백성이 따르지 않는다. 아래의 것은 비록 선하나 높지 않으니 높지 않아서 믿지 않고 믿지 않으니 백성이 따르지 않는다.

그러므로 군자의 도는 자기 몸에 근본하여 여러 백성들에게 징험하며, 삼왕에게 상고해도 틀리지 않으며, 천지에 세워도 어그러지지 않으며, 귀신에게 질정하여도 의심이 없으며, 백세에 성인을 기다려도 의혹되지 않는다.

귀신에게 질정하여도 의심이 없는 것은 하늘을 아는 것이고, 백세에 성인을 기다려도 의혹되지 않음은 사람을 아는 것이다.

이러한 까닭은 군자가 움직임에 대대로 천하의 도가 되니, 행함에 대대로 천하의 법이 되며, 말함에 대대로 천하의 법칙이 된다. 멀면 우러러봄이 있고 가까우면 싫어하지 않는다. 『시경』에서 말하기를 '저기에 있어도 미워함이 없고, 여기에 있어도 싫어함이 없다. 거의 일찍 일어나고 밤늦게 자서 명예를 길이 마친다'하니 군자가 이렇게 하지 않고서 일찍이 천하에 명예를 둔 사람이 있지 않다.

역해

제16장의 귀신鬼神과 제20장의 지인知人, 지천知天의 문제를 자세히 논하고 있다.

왕王은 '통치하다' 또는 '왕 노릇하다' 등으로 풀이하는데, 왕도정치王道政治의 뜻으로 풀이하고자 한다. 왕은 삼三과 곤丨으로, 천지인天地人 삼재지도를 일관하는 존재로 진리에 맞게 살아가고 실천하는 뜻을 가지고 있다. 왕은 실재적으로 군자君子이다.

상언자上焉者와 하언자下焉者에서 상하上下에 대한 다양한 해석이 가능하다. 윗사람과 아랫사람 내지 위의 것과 아래의 것도 가능하지만, 형이상자形而上者와 형이하자形而下者의 상하上下로 해석할 수 있고, 또 상고上古와 현재現在로 볼 수도 있다.

철학적 입장에서는 형이상의 것들은 선善이지만 징험할 수 없고 징험할 수 없어서 믿지 않는 것이라 백성들이 이해하기가 어렵고, 형이하의 것들은 비록 선이지만 고상하지 않고, 고상하지 않아서 믿지 않는 것이라 백성들이 따르지 않는 것이다. 그래서 철학을 함에 있어서나 우리의 삶은 상하上下를 자유롭게 넘나드는 조화와 중도中道가 필요한 것이다.

신信은 인亻고- 언言으로, 성인의 말씀을 믿는 것이고, 「화천대유괘」에서는 "그 믿음이 사귀는 것 같음은 믿음으로써 뜻을 발하는 것이고,厥孚交如는 信以發志也오"라 하고, 「풍택중부괘」에서는 "믿음이 있어서 발하는 것 같음은 믿음이 뜻을 발하기 때문이다.有孚發若은 信以發志也일서라."라고 하여, 믿음은 하늘의 뜻을 나타내는 것이라 하였다.

「계사상」에서는 '믿음을 근본으로 하늘을 따르고 또 어진 사람을 높이는履信思乎順하고 又以尙賢也라' 것이 삶의 근본임을 논하고, '성인의 말씀을 말하지 않아도 믿는 것은 덕행에 있기不言而信은 存乎德行하니라.' 때문이라 하였다.

반면에 믿지 않는 것은 「택천쾌괘」에서 '말씀을 들어도 믿지 않음은 총명이 밝지 않기 때문이다.聞言不信은 聰不明也일새라."라 하고, 「택수곤괘」에서는 "말씀이 있으나 믿지 않음은 입을 숭상하여 이에 궁하기 때문이다.有言不信은 尙口乃窮也일새라."라고 하였다. 즉, 성인의 말씀을 듣고도 믿지 않는 것은 하늘의 소리를 들을 수 있는 총명함이 없기 따문이며, 또 말씀을 듣고도 믿지 않는 것은 대중들의 입에서 나오는 말을 따르기 때문에 궁하게 되는 것이다.

한편 군자의 도가 자신에게 근본하고 서민에게 징험하는 것은 '자기를 닦고 백성을 편안하게 하는 수기안백성修己安百姓'하는 것이고, 이것이 '불류不謬·불패不悖·무의無疑·불혹不惑'의 네 가지로 드러나게 된다. 이 네 가지는 사덕四德에서 불류不謬는 의義, 불패不悖는 예禮, 무의無疑는 지智, 불혹不惑은 인仁에 각각 배속된다.

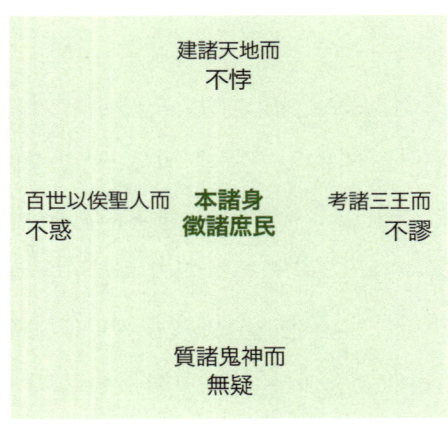

마지막으로 군자의 언행言行에 대하여 논하고 있다. 또 군자의 도는 법法과 칙則으로 드러나는 것이다.

법 법法은 수氵와 갈 거去로, 하늘의 뜻을 대행하는 물이 가는 것이고, 「산수몽괘」에서는 "형인刑人을 이롭게 씀은 법을 바르게 하는 것이다.利用刑人은 以正法也라"라 하고, 「계사상」에서는 "법을 본받는 것이 곤이고效法之謂ㅣ坤이오"·"제정해서 쓰는 것을 법이라 하고制而用之를 謂之法이오"라고 하여, 하늘의 뜻을 세상에 쓰는 것이라 하였다.

법칙 칙則은 패貝와 도刂로, 사四와 팔八의 작용을 결단하는 것이고, 「중천건괘」에서는 "건원이 구를 씀은 이에 하늘의 법칙을 보이는 것이다.乾元用九는 乃見天則이라", 「천화동인괘」에서는 "곧 곤궁하면 법칙으로 돌아가는 것이다.其吉은 則困而反則也라"라고 하여, 하늘의 법칙으로 밝히는 것이라 하였다.

또 「계사상」에서는 "이러한 까닭으로 하늘이 신물神物을 내거늘 성인이 법받으며, 천지가 변화하거늘 성인이 본받으시며, 하늘의 상을 드리워서 길흉을 드러내니 성인이 상징하며, 하수에서 그림이 나오고 낙수에서 서書가 나오니 성인이 법받으니是故로 天生神物이어늘 聖人이 則之하며 天地變化어늘 聖人이 效之하며 天垂象하야 見吉凶이어늘 聖人이 象之하며 河出圖하며 洛出書어늘 聖人이 則之하니"라고 하여, 하늘이 드러내는 진리를 성인이 법칙으로 만들었음을 알 수 있다.

다음으로 원근遠近은 원방遠方과 근방近方이며, 원방은 서방西方과 태방兌方으로 태괘兌卦이니 백성들이 우러러 보는 것이고, 근방은 동북방東北方으로 간괘艮卦이니, 군자가 싫어하지 않는 것이다.

▷ 제29장의 신信은 「풍택중부괘」 단사彖辭로 풀다.

『중용』의 한자 읽기

過 허물 과 = 辶 + 咼 : 비뚤어져 가고 멈추다.
信 믿을 신 = 亻 + 言 : 입지된 사람의 말을 믿다.
尊 높을 존 = 八 + 酉 + 寸 : 여덟 닭의 소리이다.
質 바탕 질 = 斤 2개 + 貝 : 4와 8이 바탕이 되다.

제30장 天地 천지의 일을 하다

仲尼는 祖述堯舜하시고 憲章文武하시며 上律天時하시고 下襲水土하시니라. 辟如天地之無不持載하며 無不覆幬하며 辟如四時之錯行하며 如日月之代明이니라.
萬物이 竝育而不相害하며 道ㅣ 竝行而不相悖라 小德은 川流오 大德은 敦化니 此ㅣ 天地之所以爲大也니라.

중니는 요순을 조종으로 서술하시고, 문무를 법으로 빛내시며, 위로는 천시를 따르시고 아래로는 수토를 따르시었다.
비유하면 천지가 실어서 잡지 않음이 없으며 덮어주지 않음이 없음과 같으며, 비유하면 사시가 교대로 운행하며 일월이 교대로 밝아짐과 같은 것이다.
만물이 함께 길러서 서로 해치지 않으며, 도가 함께 행해져 서로 어긋나지 않는다. 작은 덕은 냇물의 흐름이고 위대한 덕은 도탑게 감화하니, 이것이 천지가 위대함이 되는 것이다.

역해

공자께서 요임금·순임금 그리고 문왕·무왕의 성인지도聖人之道를 조술祖述하고 헌장憲章하였다. 앞의 제17장·제18장·제19장에서 순임금과 문왕 그리고 무왕에 대해서 논한 내용을 마무리 짓고 있다.

앞에서 서술한 바와 같이 「계사하」 제2장에서는 황제와 요임금 그리고 순임금이 「중천건괘」와 「중지곤괘」의 이치를 통해 백성들을 다스렸음을 밝히고, 『논어』에서는 "요임금이 아 순아! 하늘의 역수가 너의 몸에 있으니 진실로 그 중을 잡아라. 사하가 곤궁하면 하늘의 녹이 영원히 마칠 것이다.堯ㅣ 曰咨爾舜아 天之曆數ㅣ 在爾躬하니 允執其中하라 四海困窮하면 天祿이 永終하리라."라고 하여, 요에서 순으로 전해진 성통을 밝히고 있다.

먼저 천시天時에 대하여 「중천건괘」에서는 "하늘보다 먼저 하여도 하늘이 어기지 않으며 하늘보다 뒤에 하여도 천시天時를 받드니, 하늘도 또한 어기지 않는데 하물며 사람이며 하물며 귀신이겠는가?先天而天弗違하며 後天而奉天時하나니 天且弗違온 而況於人乎며 況於鬼神乎져"라고 하여, 성인이 천시를 받든다고 하였고, 「중지곤괘」에서는 "곤도가 그 순응하구나 하늘을 계승하고 시時를 행하는 것이다.坤道ㅣ 其順乎인져 承天而時行하나니라."라 하고, 「화천대유괘」에서는 "하늘에 감응하여 시時를 행한다應乎天而時行이라"라고 하여, 하늘과 때는 떨어질 수 없는 것임을 알 수 있다.

다음으로 '비유하면 천지가 실어서 잡지 않음이 없으며 덮어주지 않음이 없음과 같으며, 비유하면 사시가 교대로 운행하며 일월이 교대로 밝아짐과 같은 것이다.'는 「중천건괘」의 "무릇 대인은 천지와 더불어 그 덕을 합하며 일월과 더불어 그 밝음을 합하며, 사시와 더불어 그 차례를 합하며, 귀신과 더불어 그 길흉을 합하여夫大人者는 與天地合其德하며 與日月合其明하며 與四時合其序하며 與鬼神合其吉凶하야"에 부합된다.

따라서 천지의 무불지재無不持載는 인仁이고, 무불복주無不覆幬는 지智이고, 사시四時의 착행錯行은 예禮이고, 일월의 대명代明은 의義에 배속된다.

여기서 사시四時와 일월日月의 의미에 대하여 이야기하면, 사시四時는 일반적으로 봄·여름·가을·겨울의 사계절로 이해하지만, 『주역』에서 본질적인 의미를 가지고 있다.

「계사상」에서는 "세어서 네 가지로 하여 사시를 상징하고揲之以四하야 以象四時하고", "상象을 법받음이 천지보다 큰 것이 없고, 변하고 통함이 사시보다 큰 것이 없고是故로 法象이 莫大乎天地하고 變通이 莫大乎四時하고", "광대는 천지와 짝하고 변하고 통함이 사시와 짝하고廣大는 配天地하고 變通은 配四時하고"라고 하여, 하늘의 변통變通 원리 즉 사상을 드러낸 것이 사시四時라고 하였다. 또 앞의 시時에 대한 해석을 통해 사시四時는 하늘의 뜻이 드러나는 네 마디임을 알 수 있다. 즉, 사계절은 1년을 네 마디로 나눈 것이라면, 하루도 네 마디로 나눌 수 있고, 한 시간도 네 마디로 드러난다고 하겠다. 사시四時는 하늘의 네 마디 작용이 현상 세계에 전개되는 것을 말한 것이다.

일월日月은 해와 달의 의미에서 확장되어 음양陰陽을 대표하는 표상이다. 「계사상」과 「중화이괘」에서는 "음양의 뜻은 일월과 짝하고陰陽之義는 配日月하고", "일월이 천도에 걸려 있다.日月ㅣ 麗乎天하고"라고 하여, 천도의 작용인 음양이 일월로 드러남을 밝히고,「계사하」에서는 일월의 운행에 의해서 밝음明이 생기고 한서의 서로 미는 작용에 의해 세歲가 완성된다고 하여, 일월의 운행에 의해 밝음明德이 드러난다고 하였다.

또「계사상」에서는 '일월이 괘상으로 표상되는 근원적 존재원리가 드러나는 상징적 존재로 규정하고',「설괘」에서는 '천지의 본성을 체득함으로써 신명의 덕에 통한다.幽贊於神明而生蓍'라 하여, 일월의 내용이 천지의 본성인 신명의 덕임을 밝히고 있다. 따라서 일월은 천도를 드러내는 현상적 존재로 단순히 시간 운행을 표상하는 것에 그치는 것이 아니라 인간의 본성인 명덕明德을 표상하고 있는 것이다.

다음으로 불상해不相害에서 해칠 해害는 견宀과 일一, 토土 그리고 구口로, 한정된 공간에서 자꾸 더하는 것은 자신을 해치는 것이고,「중지곤괘」에서는 "주머니를 묶으면 허물이 없다는 것은 삼가여 해가 없다는 것이다.象曰括囊无咎는 愼不害也라"라고 하고,「수택절괘」에서는 "천지가 절도에 맞아 사시가 이루어지니, 절도로써 도수를 제정하여 재물을 상하지 않게 하고 백성을 해치지 않게 한다.天地節而四時成하나니 節以制度하야 不傷財하며 不害民하나니라."라고 하여, 천지의 절도가 맞고, 마음 주머니를 꽉 잡고 있으면 해가 없다는 것이다.

또「지산겸괘」에서는 "귀신은 가득 찬 것을 해치고 겸손한 것은 복을 주고鬼神은 害盈而福謙하고"라 하고,「계사하」에서는 "손괘가 해를 멀리하고損以遠害코"라고 하여, 자기를 낮추는 겸손이 해를 멀리하는 것이라 하였다.

불상패不相悖에서 어그러질 패悖는 심忄과 일一 그리고 자字로, 마음에서 하나가 어지러워지는 것이고, 「설괘」에서는 "우레와 바람이 서로 어그러지며雷風이 不相悖하며"라 하여, 진괘와 손괘가 서로 어긋나 있음을 논하고 있다. 「산뢰이괘」에서는 "상에서 말하기를 10년을 쓰지 않음은 도가 크게 어그러졌기 때문이다.象曰十年勿用은 道ㅣ 大悖也일새라."라고 하여, 하늘의 뜻이 어그러지는 것이라 하였다.

▷ 제30장의 천지天地·사시四時·일월日月은 「중천건괘」 문언의 구오효사로 풀다.

『중용』의 한자 읽기

憲 법 헌 = 宀 + 丰 + 罒 + 心 : 삼재지도를 담은 마음이다.
錯 섞일 착 = 金 + 昔 : 옛날과 섞이다.
悖 어그러질 패 = 忄 + 孛 : 마음이 어그러지다.
害 해칠 해 = 宀 + 丰 + 口 : 자기를 해치다.

제31장 하늘이 강림하시다

唯天下至聖이아 爲能聰明睿知ㅣ 足以有臨也니 寬裕溫柔ㅣ 足以有容也며 發强剛毅ㅣ 足以有執也며 齊莊中正이 足以有敬也며 文理密察이 足以有別也니라.
溥博淵泉하야 而時出也니라.
溥博은 如天하고 淵泉은 如淵이라 見而民莫不敬하며 言而民莫不信하며 行而民莫不說이니라.
是以로 聲名이 洋溢乎中國하야 施及蠻貊하야 舟車所至와 人力所通과 天之所覆과 地之所載와 日月所照와 霜露所隊애 凡有血氣者ㅣ 莫不尊親하니 故로 曰配天이니라.

오직 천하의 지극한 성인이어야 능히 총명하고 예지함에 임할 수 있으니, 너그러움·넉넉함·온화함·부드러움을 족히 포용할 수 있으며, 발산·성함·강함·굳셈을 족히 잡을 수 있으며, 가지런함·장엄·적중·바름을 족히 공경할 수 있으며, 문채·다스림·고요함·살핌을 족히 분별할 수 있다.

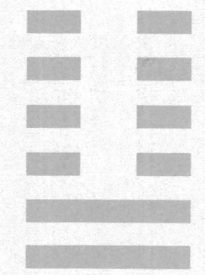

엷고 넓고 고요하고 깊어서 시時가 나오는 것이다.
엷고 넓음은 하늘과 같고 연못과 샘은 깊음과 같다. 나타남에 백성이 공경하지 않음이 없으며, 말함에 백성이 믿지 않음이 없으며, 행동함에 백성이 기뻐하지 않음이 없는 것이다. 이로써 성명이 중국에 넘치고 넘쳐 오랑캐에 베풂이 미쳐서, 배와 수레가 이른 바와 사람의 힘이 통하는 바와 하늘이 덮어주는 바와 땅이 실어주는 바와 일월이 비추는 바와 서리와 이슬이 내리는 바에 모든 혈기를 가지고 있는 것들이 존경하고 친애하지 않음이 없으니, 그러므로 하늘에 짝한다고 하는 것이다.

역해

제31장은 천하에 강림降臨한 성인이 밝힌 네 가지 이치에 대하여 논하고 있다.

이 네 가지 이치를 사덕四德에 대응하면, '넉넉함이 관대하고 부드러워 따뜻함이 족히 포용할 수 있으며'는 인仁이고, '강을 발하고 굳셈을 강하게 함이 족히 잡음이 있으며'는 의義이고, '장엄을 가지런히 하고 정에 적중함이 족히 공경히 있으며'는 예禮이고, '이치가 빛나고 살핌이 엄밀함이 족히 분별이 있음'은 지智이다.

왜냐하면 용容은 사랑의 마음으로 만물을 포용한 것이니 인仁이고, 집執은 정의를 잡는 것으로 의義이고, 경敬은 공경恭敬한 마음으로 예禮의 단서이고, 나눌 별別은 부부유별夫婦有別에 사용되는 것으로 지智에 해당되기 때문이다. 이 다섯 가지를 그림으로 나타내면 다음과 같다.

```
                齊莊中正
                 有敬


    寬裕溫柔      聰明睿知      發强剛毅
     有容         有臨         有執


                文理密察
                 有別
```

또한 위의 다섯 가지는 각각 네 개의 말씀으로 구성되어 있다. 먼저 총명예지聰明睿知는 '귀 밝고·밝고·슬기롭고·지혜롭고'로 해석된다. 이는 「계사上」의 "옛날의 총명하고 예지하고 신무하여 죽이지 않는 것이구나 古之聰明叡智神武而不殺者夫인져"와 일치하고, 본체의 의미를 가지고 있다. 이것을 사상인의 마음작용에 대응하면, 다음과 같은 그림이 된다.

다음으로 포용함이 있는 너그러움·넉넉함·온화함·부드러움과 잡을 수 있는 발산·성함·강함·굳셈, 공경함이 있는 가지런함·장엄·적중·바름, 분별할 수 있는 문채·다스림·고요함·살핌은 사상인의 인격적 마음을 온전히 설명한 것이다. 이것을 그림으로 나타내면 다음과 같다.

	소양인 溫·發 中·文	태음인 剛·裕 理·壯	
智			仁
禮			義
	柔·强 正·察 태양인	毅·寬 密·齊 소음인	

즉, 태양인 인격자인 예자禮者는 부러우면서도 강하고, 정도를 지켜서 살필 줄을 알며, 소양인의 인격자인 지자智者는 온화하게 발산하고, 중도를 지키면서 문채를 드러내며, 태음인의 인격자인 인자仁者는 넉넉하지만 강직하고, 장엄하게 다스릴 수 있으며, 소음인의 인격자인 의자義者는 너그럽지만 굳세고, 가지런하면서도 고요하여 깊은 사람이다.

임할 임臨은 신臣과 인人 그리고 품品으로, 신하가 세상에 물건을 드러낸다는 것이고, 『주역』 64괘 가운데 19번째 괘인 「지택임괘」의 괘 이름이다. 임괘臨卦 단사에서는 "정도로써 크게 형통하니 천도이다.大亨以正하니 天之道也라."라 하고, 「서괘」에서는 "임괘는 위대함이니臨者는 大也니"라고 하여, 천도의 작용이 강림함을 밝히고 있다. 내 마음에 강림한 천도를 정도로 실천하면 크게 형통하게 되는 것이며, 임괘臨卦 효사에서는 '지임至臨'이라 하여, 하늘의 뜻이 강림함에 군자가 정성을 다해야 함을 알 수 있다.

다음의 문장에서 나타남과 말함 그리고 행동함은 군자가 실천하는 것이다. 군자가 진리를 드러내 보이니 백성들이 공경하고, 또 진리를 말씀하니 백성들이 믿는 것이고, 또 진리를 행동으로 실천하니 백성들이 기뻐하는 것이다. 이러한 군자의 언행言行은 하늘에 짝하는 것으로 혈기血氣가 있는 사람은 모두 존경하고 친히 하는 것이다.

연못 연淵은 「중천건괘」 "혹은 뛰고 연못에 있으면或躍在淵"의 연못으로 용이 숨어 있는 곳이다.

▷ 제31장의 임臨은 「지택임괘地澤臨卦」 단사彖辭로 풀다.

『중용』의 한자 읽기

臨 임할 임 = 臣 + 丿 + 品 : 신하가 세상에 임하다.
寬 너그러울 관 = 宀 + 卄 + 見 + 丶 : 진리를 보다.
覆 덮을 복 = 襾 + 復 : 덮어서 돌아오다.
通 통할 통 = 辶 + 甬 : 나의 작용이 가고 멈추다.

제32장 하늘의 德 덕을 따르다

唯天下至誠이아 爲能經綸天下之大經하며 立天下之大本하며 知天地之化育이니 夫焉有所倚리오 肫肫其仁이며 淵淵其淵이며 浩浩其天이니라.
苟不固聰明聖知達天德者면 其孰能知之리오

오직 천하의 지극한 정성이어야 능히 천하의 위대한 경經을 경륜하며, 천하의 위대한 근본을 세우며, 천지의 화육을 알 수 있으니, 어찌 의지할 바가 있겠는가.
정성스러운 그 인이며, 깊은 그 연못이며, 넓은 그 하늘이다.
만일 진실로 총명하고 성스러운 지혜와 하늘의 덕에 통달한 사람이 아니면 그 누가 능히 이것을 알겠는가.

역해

경륜經綸에서 날 경經은 사糸와 지하수 경巠으로, 하늘의 작용이 세상에 그대로 행해지는 것이고, 실 륜綸은 사糸

와 윤倫으로, 하늘의 작용에 따라 인간 사회를 엮은 것이다. 「수뢰둔괘」에서 "상에서 말하기를 구름과 우레가 둔괘이니 군자가 이로써 경륜經綸하는 것이다.象曰雲雷ㅣ 屯이니 君子ㅣ 以하야 經綸하나니라."라고 하여, 군자가 실천하는 이치로 논하고 있다.

'순순肫肫'은 정성스러운 모양이고, 순肫은 월月과 둔屯으로, 세상에 생명이 나오기 위해 정성을 다하는 인仁이니 인人이고, '연연淵淵'은 고요하고 깊은 모양이니 지地이고, '호호浩浩'는 넓고 큰 모양으로 수氵과 우牛 그리고 구口로, 하늘이 넓게 펼쳐지는 것이니 천天이다. 즉, 천지인天地人 삼재지도三才之道를 온전히 형용하는 용어이다.

다음으로 천덕天德은 하늘의 덕으로 「중천건괘」에서 "용구는 하늘의 덕은 머리가 되는 것은 불가하기 때문이다.用九는 天德은 不可爲首也일새니라"·"나는 용이 하늘에 있음은 이에 하늘의 덕에 자리하는 것이고飛龍在天은 乃位乎天德이오"라고 하였다.

'그 누가 능히其孰能'는 「계사상」 제10장에 여러 번 등장하고 있다. "천하의 지극한 정수가 아니면 그 누가 능히 이것과 함께 하겠는가?非天下之至精이면 其孰能與於此리오"·"천하의 지극한 변화가 아니면 그 누가 능히 이것과 함께 하겠는가?非天下之至變이면 其孰能與於此리오"·"천하의 지극한 신명이 아니면 그 누가 능히 이것과 함께 하겠는가?非天下之至神이면 其孰能與於此리오"라고 하여, 진리를 자각한 성인과 군자가 아니면 불가함을 알 수 있다.

▷ 제32장의 경륜經綸은 「수뢰둔괘」 대상사로 풀다.

『중용』의 한자 읽기

肫 정성스러울 순 = 月 + 屯 : 달이 떠오르다.
淵 연못 연 = 氵 + 片 + 爿 : 물이 모이다.
浩 클 호 = 氵 + 告 : 하늘이 알리다.
聖 성스러울 성 = 耳 + 口 + 壬 : 하늘의 소리를 말하다.

제33장 『詩經』을 노래하다

詩曰衣錦尙絅이라하니 惡其文之著也라 故로 君子之道는 闇然而日章하고 小人之道는 的然而日亡하나니 君子之道는 淡而不厭하며 簡而文하며 溫而理니 知遠之近하며 知風之自하며 知微之顯이면 可與入德矣리라.

詩云潛雖伏矣나 亦孔之昭라하니 故로 君子는 內省不疚하야 無惡於志니 君子之所不可及者는 其唯人之所不見乎인져.

詩云相在爾室한대 尙不愧于屋漏라하니 故로 君子는 不動而敬하며 不言而信이니라.

詩曰奏假無言하야 時靡有爭이라하니 是故로 君子는 不賞而民勸하며 不怒而民威於鈇鉞이니라.

詩曰不顯惟德을 百辟其刑之라하니 是故로 君子는 篤恭而天下ㅣ平이니라.

詩云予懷明德의 不大聲以色이라하야늘 子ㅣ 曰聲色之
於以化民애 末也라하시니라 詩云德輶如毛라하니 毛猶有
倫이어니와 上天之載ㅣ 無聲無臭아 至矣니라.

『시경』에서 말하기를 '비단 옷을 입고 홑옷을 덧입는다' 하니, 그 문채가 너무 드러남을 싫어하는 것이다. 그러므로 군자의 도는 은은하되 날로 빛나고, 소인의 도는 선명하되 날로 없어지나니, 군자의 도는 담백하여 싫어하지 않으며, 간략하여 문채나며, 온화하여 이치가 있으니, 멂이 가까운 데에서 시작됨을 알며, 바람이 스스로 일어남을 알며, 은미함이 드러남을 알면, 더불어 덕에 들어갈 수 있다.
『시경』에서 이르기를 '잠긴 것이 비록 엎드려 있으나 또한 크게 밝다' 하니, 그러므로 군자는 안을 살펴서 허물이 없어 뜻에 악이 없으니, 군자의 미칠 수 없는 것은 오직 사람이 보지 않는 바에 있구나.
『시경』에서 이르기를 '네가 방에 있음을 보건데 오히려 방 모퉁이에서 부끄럽지 않게 한다' 하니, 그러므로 군자는 움직이지 않아도 공경하며, 말하지 않아도 믿는다.
『시경』에서 말하기를 '나아가 아룀에 말씀이 없어서 시時가 다툼이 아직 없다' 하니, 이러한 까닭으로 군자는 상주지 않아도 백성을 권면하며, 성내지 않아도 백성들이 부월에서 위엄을 가진다.
『시경』에서 말하기를 '드러나지 않는 덕을 여러 제후들이 그것을 법받는다' 하니, 이러한 고로 군자는 공손을 돈독히 함에 천하가 다스려진다.
『시경』에 이르기를 '나는 밝은 덕의 음성과 얼굴빛을 크게 여기지 않는다' 하거늘, 공자께서 말씀하시기를 음성과 얼굴빛은 백성을 교화하는 것에 말단이라 하였다.
『시경』에 이르기를 '덕은 가볍기가 터럭과 같다' 하니, 터럭은 오히려 순서가 있거니와 윗하늘의 일은 소리도 없고 냄새도 없다는 것이어야 지극한 것이다.

역해

제33장은 『시경』의 문장을 7개 인용하면서, 여섯 단락으로 나누어 논하고 있다. 이 여섯 단락은 『주역』의 육효중괘六爻重卦와 서로 통하

는 것이다. 『주역』이 육효중괘로 역도易道를 드러내는 것은 육효六爻가 군자의 본성인 인의예지仁義禮智 사덕을 표상하기 위한 것이다. 『중용』에서도 마지막에서 『시경』을 인용하면서 군자지도를 밝히고 있다.

여섯 단락에 7개의 『시경』을 인용한 것은 『주역』 「계사상」 제8장에서 7개의 괘를 통해 군자지도君子之道의 언言과 행行을 논한 것과 유사한 형식이다.

또 『시경』을 통해 첫 번째는 내면의 덕을 밝히고, 두 번째 부터 소昭의 수신修身 - 실室의 제가齊家 - 민民의 치국治國 - 천하天下의 평천하平天下의 순서로 논하고 있다.

군자의 도인 원근遠近의 문제는 「계사상」에서 "멀고 가까움과 그윽하고 깊음이 없이 드디어 오는 만물을 아니无有遠近幽深히 遂知來物하나니", "멀고 가까움이 서로 취하여 후회와 인색이 나오며遠近이 相取而悔吝이 生하며"라고 하여, 멀고 가까움이 조화를 이루어야 함을 밝히고 있다.

풍자風自는 「풍화가인괘」에서 "상에서 말하기를 바람으로부터 불이 나옴이 가인괘이니 군자가 이로써 말씀에는 만물이 있고 행동에는 항상 함이 있다.象曰風自火出이 家人이니 君子ㅣ 以하야 言有物而行有恒하나니라."라고 하여, 천지의 대의를 밝힌 가인괘의 의미를 담고 있다.

미현微顯은 「계사하」에서 "무릇 역도는 감을 드러내고 옴을 살피며 나타난 것은 은미하게 하고 그윽한 것을 드러내며夫易은 彰往而察來하며 而微顯闡幽하며"라고 하여, 체용體用의 이치로 논하고 있다.

잠길 잠潛은 「중천건괘」의 '잠룡물용潛龍勿用'의 잠이고, 밝을 소昭는 「화지진괘」의 '자소명덕自昭明德'의 소이다.

부동不動과 불언不言은 군자의 언행言行의 문제로, 행동에는 공경이 있어야 하고, 말에는 믿음이 있어야 한다.

백성을 권면勸勉하게 함은 「수풍정괘」에서는 "상에서 말하기를 나무 위에 물이 있음이 정괘이니 군자가 이로써 백성을 수고롭게 하고 서로 권면하는 것이다.象曰木上有水ㅣ井이니 君子ㅣ以하야 勞民勸相하나니라."라 하고, 「중택태괘」에서는 "이로써 하늘에 순응하고 사람에게 응하여 기쁨으로써 백성들보다 먼저 하면 백성들이 그 수고로움을 잊고, 기쁨으로써 어려움을 범하면 백성들이 그 죽음을 잊으니, 기쁨의 위대함이 백성을 권면한다.是以順乎天而應乎人하야 說以先民하면 民忘其勞하고 說以犯難하면 民忘其死하나니 說之大ㅣ民勸矣哉라."라고 하여, 군자가 먼저 하면 백성들은 따라서 하는 것이라 하였다.

위엄 위威는 별丿과 일一 그리고 여女와 과戈로, 십일十一의 진리를 들어 보이는 것이며, 「계사하」에서는 "공자께서 말씀하시기를 소인은 어질지 못한 것을 부끄러워하지 않으며 불의를 두려워하지 않는다. 이익을 보지 않으면 권면하지 않고, 위엄을 보이지 않으면 징계되지 않으니, 작은 징계로 크게 경계함이 이것이 소인의 복이다.子曰小人은 不恥不仁하며 不畏不義라 不見利면 不勸하며 不威면 不懲하나니 小懲而大誡ㅣ此ㅣ小人之福也라."라고 하여, 위엄과 권면을 같이 밝히고 있다.

평平은 평천하平天下의 의미로 「중천건괘」에서는 "시時가 여섯 용을 타서 천도를 어거하니 구름이 행하여 비가 내리는 것이라 천하가 평안한 것이다.時乘六龍하야 以御天也니 雲行雨施라 天下平也니라"라 하고, 「택산함괘」에서는 "성인이 인심에 감응하여 천하가 화평하니聖人이 感人心而天下ㅣ和平하나니"라 하였다.

『중용』의 마지막을 군자의 근본인 명덕明德과 덕德으로 마치고 있다.

▷ 여섯 단락으로 구성된 제33장은 『주역』의 육효중괘六爻重卦로 풀다.

『중용』의 한자 읽기

闇 어두울 암 = 門 + 音 : 소리가 문 안에 있다.
倫 인륜 륜 = 亻 + 侖 : 사람이 사람과 묶이다.
德 큰 덕 = 彳 + 直 + 心 : 곧은 마음이다.
昭 밝을 소 = 日 + 召 : 빛을 부르다.

| 저자 소개 |

정원正圓 임병학 林炳學

저자는 2005년 충남대학교 대학원에서 철학박사를 취득하고, 현재 원광대학교 동양학대학원에서 周易哲學·正易哲學·四象哲學·一圓哲學을 연구·강의하고 있다.

저서 소개
『一夫傳記와 正易哲學』도서출판 연경원, 2013
『치유와 성숙을 위한 인성보감』도서출판 예다학, 2016
『하늘을 품은 한자, 주역으로 풀다』골든북스, 2016
『동의수세보원, 주역으로 풀다』골든북스, 2017

논문 소개
| 周易·正易哲學 |
「『周易』의 河圖洛書論과 繫辭上 제9장 고찰」『동서철학연구』, 2017
「『周易』의 河圖洛書論과 正易의 八卦圖 상관성 고찰」『원불교사상과 종교문화』, 2016
「『周易』의 時에 대한 고찰」『인문학연구』, 2016
「『周易』에 표상된 吉凶의 철학적 의미」『퇴계학과 한국문화』, 2012
「『周易』의 河圖洛書論과 方圓의 철학적 의미」『동서철학연구』, 2014 등 20여 편

| 四象哲學 |

「『東醫壽世保元』의 氣와 사상인의 마음작용 고찰」『인문과학』, 2018
「사상철학과 차크라Chakra 체계의 몸·마음 이해와 그 상관성 고찰」
『로컬리티 인문학』, 2017
「『확충론』의 속임·고욕·도움·보호欺·侮 助·保와 사상인의 마음작용」
『국학연구』, 2017
「朱子의 『易學啓蒙』에 근거한 동무의 易學的 사유의 특징」『한국문화』, 2014
「사상철학의 마음연구(2) 文王八卦圖에 근거한 四象人의 마음작용 고찰」
『대동문화연구』, 2015 등 20여 편

| 一圓哲學 |

「『周易』에서 본 少太山의 발심 呪文과 大覺 직후 해석된 두 구절의 교리적 함의」
『원불교사상과 종교문화』, 2017
「원불교 四恩의 周易 연원에 대한 고찰」『원불교사상과 종교문화』, 2016
「邵康節의 象數易學이 한국 신종교에 미친 영향 – 東學과 圓佛敎를 중심으로」
『동서철학연구』, 2015

| 기타 |

「김명국 선종인물호-의 작품세계와 禪氣的 특성」『원불교사상과 종교문화』, 2018
「西河 임춘의 철학사상」『인문과학』, 2011
「보천교의 교리와 정역사상(1) – 팔괘도를 중심으르 –」『신종교연구』, 2016
「黎貴惇레귀돈의 書經衍義에 나타난 實事求是的 周易사상」『퇴계학보』, 2017 등 다수